Editores / *Publishers*
León Goldstein
Sonia Passio

Textos / *Text*
Gustavo Brandariz

Traducción / *Translation*
Graciela Smith

Fotografía / *Photography*
Ron Lovelace / Enrique Limbrunner / Nativa
Martín Gómez Álzaga / Jorge Luis Campos /
Daniel Massola / Stefano Nicolini / Carlos Mordo

Diseño / *Design*
Sonia Passio

Operador de Mac / *Mac Operator*
Duilio Molina

Asistente Editorial / *Assistant Publisher*
Rosa Achugar

©2001 - BIFRONTE S.R.L.

Blanco Encalada 2387, 6º piso "E"
(C1428DDK) Buenos Aires – Argentina.
Telefax: (54-11) 4780-5935 – e-mail: bifronte@lvd.com.ar

FICHA BIBLIOGRÁFICA:

Título / *Title*: Argentina.
Contenido: 146 fotografías de la Argentina y texto bilingüe.
Contents: 146 photographs of Argentina and bilingual text.
Formato / *Format:* 230 x 210 mm.
Páginas / *Pages:* 128.

ARGENTINA

Ⓐ Editorial El Ateneo   BIFRONTE
Editores

CIUDAD DE BUENOS AIRES

Avenida 9 de Julio y el Obelisco.
9 de Julio Avenue and the Obelisk.

Vista aérea de Plaza de Mayo.
Aerial view of Plaza de Mayo.

Avenida Libertador, vista desde Retiro.
Avenida Libertador, view from Retiro.

↑ **El Cabildo.**
The Cabildo (colonial Town Hall).

↓ **Puerto Madero y las torres de Catalinas.**
Puerto Madero and the Catalinas Towers.

↑ Casa Rosada, sede del gobierno nacional.
Pink House, seat of the national authorities.

↓ Puerto Madero. Puente de la Mujer.
Puerto Madero. Women's Bridge.

Rosedal de Palermo. / *Rosedal of Palermo.*

El Riachuelo y el puente trasbordador.
Riachuelo and the transfer bridge.

La Boca. Calle Caminito y bailarines de tango.
La Boca. Caminito street and tango dancers.

La Boca. Casas típicas.
La Boca. Characteristic houses.

La Boca. Conjunto callejero de tango.
La Boca. Street tango orchestra.

Provincia de Buenos Aires. Luján. Río Luján.
Province of Buenos Aires. Luján River at Luján.

Provincia de Buenos Aires. Delta del río Paraná.
Province of Buenos Aires. Delta of the Paraná River.

Provincia de Buenos Aires. La Plata. Catedral.
Province of Buenos Aires. La Plata. Cathedral.

CENTRO

Provincia de Buenos Aires. Ganadería.
Province of Buenos Aires. Cattle raising.

Provincia de Buenos Aires. Agricultura.
Province of Buenos Aires. Agriculture.

14

Provincia de Buenos Aires. Tandil.
– *Province of Buenos Aires. Tandil.*

15

Provincia de Buenos Aires. Mar del Plata. Puerto.
Province of Buenos Aires. Mar del Plata. Wharf.

Provincia de Buenos Aires. Mar del Plata. Playa.
Province of Buenos Aires. Mar del Plata. Beach.

16

Provincia de Buenos Aires. Mar del Plata.
Province of Buenos Aires. Mar del Plata.

Provincia de Buenos Aires. Pinamar. Playa.
Province of Buenos Aires. Pinamar. Beach.

Córdoba. Catedral y Oratorio del Obispo Mercadillo.
Córdoba. Cathedral and Bishop Mercadillo's Oratory.

Córdoba. Villa Carlos Paz.
Córdoba. Villa Carlos Paz.

18

Córdoba. Los Gigantes.
Córdoba. Los Gigantes.

Córdoba. Lago San Roque.
Córdoba. Lake San Roque.

Córdoba. Alta Gracia. Iglesia de antigua estancia jesuítica.
Córdoba. Alta Gracia. Church of old jesuit estancia.

Córdoba. Estancia Jesuítica La Candelaria.
Córdoba. La Candelaria Jesuit estancia.

Córdoba. Dique San Jerónimo.
Córdoba. San Jerónimo Dam.

Jujuy. Purmamarca. Cardón. / *Jujuy. Purmamarca. Giant cactus.*

NOROESTE

Jujuy. Santa Ana.
Jujuy. Santa Ana.

Jujuy. Maimará, La Paleta del Pintor y llama.
Jujuy. Maimará, The Painter's Palette and llama.

24

Jujuy. Tilcara. "Pucará".
Jujuy. Tilcara. Pucará.

Jujuy. Iglesia en Tafna.
Jujuy. Church in Tafna.

25

Salta. San Antonio de los Cobres.
Salta. San Antonio de los Cobres.

Salta. San Antonio de los Cobres y callecita en Lizoite.
Salta. San Antonio de los Cobres and village street at Lizoite.

Salta. Angastaco. Secadero de pimientos rojos.
Salta. Angastaco. Drying red pimentos.

Ciudad de Salta. Convento de San Bernardo.
City of Salta. Convent of St. Bernard.

Salta. Iglesia en Alfarcito y callecita en Iruya.
Salta. Church in Alfarcito and village street at Iruya.

Salta. Tren de las Nubes.
Salta. Train to the Clouds.

28

Salta. Callecita en San Pedro.
Salta. Village street at San Pedro.

Salta. Collas en la Puna; iglesia en Santa Victoria.
Salta. Colla natives in the Puna; church in Santa Victoria.

29

Tucumán. Ruinas de los indios quilmes.
Tucumán. Ruins of the quilmes culture.

Tucumán. Tafí del Valle.
Tucumán. Tafí del Valle.

30

Catamarca. Secadero de tabaco.
Catamarca. Drying tobacco.

Catamarca. Catedral.
Catamarca. Cathedral.

Misiones. Cataratas del Iguazú.
Misiones. Iguazú Falls.

LITORAL

Misiones. Cataratas del Iguazú.
Misiones. Iguazú Falls.

Misiones. Cataratas del Iguazú. Pasarela de observación.
Misiones. Iguazú Falls. Observation footbridge.

Misiones. Ruinas jesuíticas de San Ignacio.
Misiones. Jesuit ruins of San Ignacio.

Misiones. Saltos del Mocona, en el río Uruguay.
Misiones. Mocona Falls, on the Uruguay River.

Misiones. Ruinas jesuíticas de San Ignacio.
Misiones. Jesuit ruins of San Ignacio.

Misiones. Camino en la selva. Tucán.
Misiones. Forest trail. Toucan.

Chaco. Esteros del río Bermejito.
Chaco. Marshes of the Bermejito River.

Chaco. Familia chaqueña en el río Bermejito.
Chaco. Area family at the Bermejito River.

Formosa. Laguna Blanca.
Formosa. Lake Blanca.

Formosa. Cebú.
Formosa. Zebu.

Corrientes. Empedrado. / *Corrientes. Empedrado.*

Corrientes. Esteros del Iberá. Carpincho, iguana, caimán, cigüeña.
Corrientes. Marshes of Iberá. Capybara, iguana, cayman, stork.

Corrientes. Esteros del Iberá. Cigüeñas.
Corrientes. Marshes of Iberá. Storks.

Corrientes. Río Paraná y puente General Belgrano.
Paraná River and General Belgrano Bridge.

Corrientes. Río Paraná.
Corrientes. Paraná River.

Entre Ríos. Estancia Santa Cándida.
Entre Ríos. Santa Cándida estancia.

Entre Ríos. Colón. Palmar.
Entre Ríos. Colón. Palm trees.

44

Entre Ríos. Palacio San José.
Entre Ríos. San José Palace.

Entre Ríos. Arreando ganado.
Entre Ríos. Herding cattle.

45

↑ Santa Fe. Convento de San Francisco.
Santa Fe. Convent of St. Francis.

↓ Santa Fe. Catedral. Iglesia de Nuestra Señora de los Milagros.
Santa Fe. Cathedral. Church of our Lady of Miracles.

Santa Fe. Rosario. Monumento a la Bandera.
Santa Fe. Rosario. Monument to the Flag.

OID MORTALES EL GRITO SAGRADO LIBERTAD, LIBERTAD, LIBERTAD!

↑ **La Rioja. Talampaya.**
La Rioja. Talampaya.

↓ **La Rioja. Vista panorámica de Talampaya.**
La Rioja. Panoramic view of Talampaya.

La Rioja. Talampaya. "El cañón".
La Rioja. Talampaya. "The cannon".

NUEVO CUYO

San Juan. Embalse de Ullum.
San Juan. Ullum Reservoir.

San Juan. Huaco. Vivienda de adobe.
San Juan. Huaco. Adobe dwelling.

50

San Juan. Puma.
San Juan. Puma.

San Juan. Calingasta. Iglesia Legión de María.
San Juan. Calingasta. Church of Mary's Legion.

San Juan. Ischigualasto. "El submarino".
San Juan. Ischigualasto. "The Submarine".

San Juan. Ischigualasto. "La cancha de bochas".
San Juan. Ischigualasto. "The Bowling Lane".

San Juan. Vista panorámica de Ischigualasto.
San Juan. Panoramic view of Ischigualasto.

San Luis. Dunas en la región de lagunas.
San Luis. Dunes in the lake region.

San Luis. Sierra de las Quijadas. Lugareños.
San Luis. Sierra de las Quijadas. Local people.

San Luis. Sierra de las Quijadas. Detalle: liebre.
San Luis. Sierra de las Quijadas. Detail: hare.

Mendoza. Las Leñas. Complejo turístico.
Mendoza. Las Leñas. Tourist complex.

Mendoza. Al fondo el Aconcagua. Detalle: ciervo.
Mendoza. In the background, Mt. Aconcagua. Detail: deer.

Mendoza. Villavicencio y Pozo de las Ánimas.
Mendoza. Villavicencio and Well of Souls.

Mendoza. San Rafael. Dique Valle Grande.
Mendoza. San Rafael. Valle Grande Dam.

Mendoza. Viñedos.
Mendoza. Vineyards.

Mendoza. Los Molles. Valle y laguna.
Mendoza. Los Molles. Valley and lake.

Mendoza. Picos del Aconcagua.
Mendoza. Peaks of Mt. Aconcagua.

↑ **La Pampa. Caballos en la llanura pampeana.**
La Pampa. Horses on the plains.

↓ **La Pampa. Campos de girasol.**
La Pampa. Sunflower fields.

La Pampa. Parque Luro.
La Pampa. Luro Park.

PATAGONIA

Neuquén. Volcán Lanín
Neuquén. Lanín Volcano.

↑ **Neuquén. Villa Copahue.**
Neuquén. Villa Copahue.

↓ **Neuquén. San Martín de los Andes. Lago Currhué.**
Neuquén. San Martín de los Andes. Lake Currhué.

Río Negro. Parque Nacional Nahuel Huapi.
Río Negro. Nahuel Huapi National Park.

Río Negro. Bosque de Arrayanes.
Río Negro. Arrayan woods.

Río Negro. Piedras Blancas, cerro Otto.
Río Negro. Piedras Blancas, Mt. Otto.

Chubut. Parque Nacional Los Alerces. Alerce milenario.
Chubut. Los Alerces National Park. Millennial Larch.

Chubut. Esquel. Tren de trocha angosta.
Chubut. Esquel. Narrow gauge train.

Chubut. Península Valdés. Acantilados.
Chubut. Península Valdés. Acantilados.

67

Chubut. Península Valdés. Ballena franca austral.
Chubut. Península Valdés. Southern right whale.

Chubut. Península Valdés. Lobos marinos.
Chubut. Península Valdés. Sea lions.

Chubut. Península Valdés. Ballena franca austral.
Chubut. Península Valdés. Southern right whale.

Chubut. Punta Delgada. Elefantes marinos juveniles.
Chubut. Punta Delgada. Young southern elephant seals.

Chubut. Sarmiento. Bosque Petrificado.
Chubut. Sarmiento. Petrified Forest.

Chubut. Sarmiento. Tomillo rosa. Bosque Petrificado.
Chubut. Sarmiento. Pleurophora. Petrified Forest.

Chubut. Punta Delgada. Cormoranes.
Chubut. Punta Delgada. Cormorant.

Chubut. Punta Tombo. Pingüinos magallánicos.
Chubut. Punta Tombo. Magellanic penguins.

Santa Cruz. Río Pinturas. Detalle: Cueva de las Manos.
Santa Cruz. Pinturas River. Detail: Cave of Hands.

Santa Cruz. Parque Nacional Perito Moreno, lago Belgrano.
Santa Cruz. Perito Moreno National Park, Lake Belgrano.

Santa Cruz. Puerto Deseado. Miradores de Darwin.
Santa Cruz. Puerto Deseado. Darwin's observation points.

Santa Cruz. Lago Argentino y glaciar Upsala.
Santa Cruz. Lake Argentino and Upsala glacier.

Santa Cruz. Glaciar Perito Moreno.
Santa Cruz. Perito Moreno Glacier.

Santa Cruz. Cabo Blanco. Leones marinos.
Santa Cruz. Cape Blanco. Sea lions.

Santa Cruz. Monte Fitz Roy.
Santa Cruz. Mt. Fitz Roy.

Santa Cruz. Derrumbe en el glaciar Perito Moreno.
Santa Cruz. Perito Moreno glacier breaks off.

Tierra del Fuego. Ushuaia, la ciudad más austral del país.
Tierra del Fuego. Ushuaia, the country's southernmost city.

Islas Malvinas. Isla Soledad. Colonia de pingüinos reales.
Falkland Islands. Soledad Island. Royal penguin colony.

Antártida. Isla Paulet. Colonia de pingüinos Adelia.
Antártida. Paulet Island. Adelia penguin colony.

Antártida. Mar de Weddell. Colonia de pingüinos emperadores.
Antarctica. Weddell Sea. Colony of emperor penguins.

ARGENTINA

La República Argentina es un vasto triángulo que ocupa la parte oriental del extremo sur del continente americano y se proyecta hacia unas islas frías del Atlántico y un sector antártico nunca olvidados. A un territorio muy poco poblado por indígenas de cinco grupos étnicos diferentes, los conquistadores españoles llegaron a comienzos del siglo XVI. Durante casi dos siglos el crecimiento fue casi insignificante. La Argentina moderna es una herencia de los últimos doscientos años.

En la medida en que el país fue descubriendo, explorando e intercomunicando su propio territorio, quedaron en evidencia paisajes y riquezas naturales sorprendentes. Los lagos y glaciares del sur, la cordillera, las cataratas del Iguazú, selvas, bosques y praderas, ballenas francas y pingüinos magallánicos, serranías y valles, ríos inmensos y la Cruz del Sur en el cielo austral... La Argentina natural tiene mil paisajes, mil historias y mil imágenes sugestivas. Y a ellas se suman las mil obras de la Argentina transformada por la acción humana: las pinturas rupestres, las Misiones Jesuíticas, las capillas coloniales del norte, la Catedral de Córdoba, Buenos Aires, el Teatro Colón, el Museo de La Plata, los canales y acequias de Mendoza y del Alto Valle de Río Negro, las inmensas estancias, los diques...

Cada región, cada provincia, cada zona tienen su carácter, su historia, su música, su gente, su vocación. Cada una es un mundo por descubrir.

LA REGIÓN CENTRO

Hay en la Argentina una región en donde se reúnen la mayoría de las herencias y presencias arquitectónicas, en donde una mayor cantidad de población interviene activamente en los negocios y en los debates. En la región Centro están las dos más populosas urbes de la Argentina: Buenos Aires y Córdoba, ambas con más de cuatro siglos de historia. Pero la región cuenta también con historias, riquezas naturales y paisajes poco frecuentados que merecen ser conocidos.

CIUDAD DE BUENOS AIRES

La ciudad de Buenos Aires es la capital de la República Argentina y es una de las mayores conurbaciones mundiales. Se halla ubicada sobre la margen occidental del Río de la Plata, el más ancho del mundo, descubierto por los conquistadores europeos a comienzos del siglo XVI. La primera fundación de la ciudad data de 1536, pero la segunda, y definitiva, fue realizada por Juan de Garay en 1580. Durante sus dos primeros siglos, Buenos Aires, ciudad sin herencia indígena, fue un pobre caserío de barro, perdido en la inmensidad americana. En 1776 el rey de España, Carlos III, creó el Virreinato del Río de la Plata con capital en la pequeña villa y allí empezó otra historia: puerto que une la América atlántica con Europa, la ciudad creció en importancia geopolítica, económica y cultural. Su plaza histórica, la actual Plaza de Mayo, fue el escenario del comienzo de la revolución argentina en 1810. Su Catedral, el Cabildo —antiguo asiento del gobierno municipal en tiempos coloniales— y las iglesias de San Ignacio, San Francisco, Santo Domingo y La Merced —todas barrocas de la primera mitad del siglo XVIII— son los vestigios más antiguos y memorables de la ciudad y se hallan cerca de la Plaza de Mayo.

El casco original tenía 2 kilómetros de frente sobre el río y uno de profundidad, y tardó dos siglos y medio en poblarse; hoy Buenos Aires y sus suburbios y urbanizaciones satélites cubren la inmensidad de 50 por 50 kilómetros que dentro de no mucho tiempo contabilizarán unos quince millones de habitantes. La magnitud obliga a la estadística, pero las estadísticas son frías, y Buenos Aires, en cambio, es una realidad vivencial, múltiple, sorprendente, apasionante. Buenos Aires tiene mil historias superpuestas, intercaladas. Hay una Buenos Aires evidente y otra que existe en la memoria colectiva, en el sentimiento, en los poemas de Jorge Luis Borges, en las novelas de Eduardo Mallea, en los versos de Evaristo Carriego, en las milongas y los tangos por donde aflora el alma de una urbe que no duerme.

Buenos Aires es una ciudad llena de contrastes y de enclaves inesperados: hay barrios pintorescos como San Telmo, en donde los domingos, la feria de antigüedades de la plaza Dorrego es una romería que entremezcla el lunfardo con todos los idiomas de los turistas. O como el barrio de La Boca, que aún mantiene la imagen que le dieron los inmigrantes genoveses, trabajadores portuarios que ya sólo pueden verse en las telas de Quinquela Martín.

Desde la Plaza de Mayo, un bulevar —la avenida de Mayo— nos lleva hasta el Palacio del Congreso, con su majestuosa cúpula verde. Atravesando la avenida de Mayo, la avenida 9 de Julio corta la ciudad de sur a norte con la sola puntuación del Obelisco, en el cruce con la avenida Co-

rrientes, una arteria llena de gente, de cines, teatros oficiales e independientes, cafés, librerías de viejo y de nuevo...

Al norte de la Plaza de Mayo, la "city" financiera desborda de gente durante la semana y es una ciudad fantasma los domingos por la mañana, cuando los grandes edificios bancarios duermen en soledad.

Los domingos, la gente está en Palermo, el enorme parque público ideado por Sarmiento en 1873, que incluye hoy al Rosedal, al Planetario y a los jardines Botánico y Zoológico; o en la zona de la Recoleta, en donde los cafés desbordan de gente, por todos lados hay músicos, malabaristas, vendedores ambulantes, artistas, estatuas vivientes y una fantástica variedad de espectáculos, exposiciones de arte y concierto, apenas separados por un atrio de la Iglesia del Pilar y por un muro y un pórtico de los laberintos del cementerio monumental en donde reposan los restos de próceres, poetas y benefactores entre obras de arte de los mayores artistas del país y muchos del extranjero.

Buenos Aires tiene magníficas esculturas, como la estatua de Sarmiento —de Rodin—, la del general Alvear —de Bourdelle—, la de Mitre —de Rubino— y la de Mazzini —de Monteverde—, y cientos de edificios singulares y cada uno encierra una historia: la Casa Rosada, sede de la Presidencia de la República, el Colegio Nacional de Buenos Aires, el más tradicional instituto de enseñanza pública, el edificio Kavanagh, frente a la plaza San Martín, el más imponente y fantástico rascacielos *art déco*, los museos de Bellas Artes y de Arte Decorativo, en Palermo, el Museo Histórico Nacional, en el Parque Lezama, el Museo Sarmiento, en Belgrano, el Museo de Ciencias Naturales, en el Parque Centenario, las iglesias Ortodoxa Rusa, Sueca, Metodista, las catedrales Anglicana y Ucraniana, la Iglesia de San Gregorio Iluminador, la Sinagoga de la plaza Lavalle... Frente a esta plaza están también el teatro Cervantes, el Palacio de Justicia, la Escuela

Presidente Roca y el Teatro Colón, la gran sala lírica de la ciudad, reputada el teatro de ópera con mejor acústica en el mundo. En su inauguración, en 1908, se estrenó *Aída*, de Verdi. Allí cantaron Titta Ruffo, Caruso, Gigli, Pavarotti y todas las figuras mayores de la música universal.

Entre las mil Buenos Aires se cuentan la de los comercios elegantes de la calle Florida, de las Galerías Pacífico, del Patio Bullrich, de la avenida Santa Fe, de la calle Arenales, de la avenida Alvear. Allí, además, queda fijada la imagen de aquella Buenos Aires afrancesada de 1910, cuando se la llamaba "la París de Sudamérica". Una Buenos Aires muy distinta a la de los barrios de clase media como Flores, Caballito, Villa del Parque o Villa Devoto, o a la de los barrios viejos y más modestos, como Barracas, el viejo Palermo o Soldati, la que guarda la memoria del tango, el recuerdo de Carlos Gardel y de las "orquestas típicas", unos cuantos viejos cafés de barrio, una historia de orilleros, conventillos, guitarras, violines y bandoneones arrabaleros.

Con el reciclaje del antiguo Puerto Madero, tan típico de la revolución industrial, Buenos Aires ha ganado un barrio más: donde hubo barracas portuarias, grúas, cereales y vagones de ferrocarril, ahora hay oficinas, restaurantes, yuppies y un flamante Puente de la Mujer, diseñado por el arquitecto Calatrava.

Pero Buenos Aires se extiende hasta mucho más allá de su perímetro político. Hacia el norte, Olivos, Martínez y sobre todo San Isidro, con su casco antiguo del siglo XIX y sus quintas solariegas con valor histórico, son nombres locales de una extensa conurbación aristocrática, tradicional, que en la última década se ha extendido por *country clubs* y "barrios cerrados" hasta la antigua villa de Pilar y aun más allá.

Y un fenómeno similar ha extendido a Buenos Aires hacia el oeste y hacia el sur. Pero la ciudad, pese a la explosión geográfica de los años noventa, no ha perdido su carácter sino todo lo contrario: no sólo los jacarandás siguen ofreciendo sus frágiles florecillas entre celestes y lilas puntualmente en cada primera semana de noviembre y los palos borrachos derramando su pintoresquismo; no sólo las palomas y los gorriones siguen volando de árbol en árbol. También siguen vivos los deportes populares como el fútbol, y el tango se baila con renovada pasión. Y las plazas no se hallan desiertas sino que muestran la fuerza de una sociedad joven, vital, insomne. Para ver a Buenos Aires no alcanza con pasear por las calles: hay que ir al Café Tortoni un sábado a la noche, hay que ir a la Recoleta un domingo por la tarde, hay que ir al Teatro Colón o, mejor: vivir la ciudad intensamente para descubrirla realmente en sus mil facetas.

PROVINCIA DE BUENOS AIRES

La ciudad de Buenos Aires fue capital de la provincia pero ya no lo es más. En 1880, para resolver un antiguo conflicto institucional, la ciudad fue federalizada y la provincia hubo de fundar una nueva capital. La capital de la provincia de Buenos Aires es hoy la ciudad de La Plata, fundada por Dardo Rocha en 1882. Su nombre fue propuesto por el poeta José Hernández y su diseño pertenece al arquitecto Pedro Benoit. Ciudad nueva, modelo de urbanismo y de higienismo en su tiempo, ciudad verde, con una plaza o un parque cada seis manzanas, calles arboladas con una gran variedad de árboles diferentes —en cada calle una especie— y un enorme parque público —el Paseo del Bosque—... La Plata fue la máxima expresión urbana de la generación positivista del ochenta. Siete años después de su fundación, ya era una ciudad vigorosa y su maqueta fue exhibida en la Exposición de París, en donde la vio Julio Verne. Ese mismo año, el poeta cubano José Martí le prodigó formidables elogios. La Plata tiene una de las universidades más importantes del país; el Teatro Argentino es una de las mayores salas líricas de la Argentina; y los enormes edificios públicos, construidos en sus primeros años de vida, forman un eje monumental notable. La Plata tiene una historia con poetas, científicos, maestros… y tiene bulevares, diagonales, casas prolijas, monumentos. Pero sus tres hitos son la casa del doctor Curutchet, diseñada por el arquitecto Le Corbusier en 1949, la Catedral y el Museo de Ciencias Naturales. La Catedral es neogótica y se debe también a Pedro Benoit. Tiene agujas de 120 metros de altura y es una fantástica recreación de la arquitectura medieval francesa. El Museo es uno de los mejores del mundo en su tema: alberga cuatro millones de objetos y mantiene una vitalidad científica y didáctica que sorprende día a día.

Entre La Plata y Buenos Aires existe una autopista que atraviesa el parque Pereyra Iraola, antiguo casco de una estancia aristocrática y actual reserva natural. Dentro del parque funciona la Estación de Cría de Animales Silvestres (ECAS).

La provincia de Buenos Aires es muy extensa y tiene zonas bien distintas. Al norte de la ciudad Buenos Aires, una vasta región todavía muy natural es la del Delta del Paraná. Por sus laberínticos ríos se internaron en el siglo XVI los barcos de los conquistadores, mientras los indios los espiaban entre la frondosa vegetación de las islas. Durante el siglo XIX, el Delta tuvo un gran auge, impulsado por Sarmiento, que construyó en una isla una casita de madera que aún existe, y por Marcos Sastre, que escribió un libro acerca de su flora, su fauna y su paisaje. El Delta se convirtió en una zona de fruticultura, de recreo y de turismo. La ciudad de Tigre, con su casino, su elegante hotel —ya desaparecido— y sus quintas de descanso y sus aristocráticos clubes de remo, fue uno de los lugares de la *belle époque*. En 1938 el poeta Leopoldo Lugones eligió al recreo "El Tropezón" para despedirse de la vida. Hoy los catamaranes y las lanchas llevan y traen turistas y una multitud practica allí remo, pasea en sus yates o ejercita deportes náuticos.

La isla Martín García, en el Río de la Plata, no forma parte del Delta: su suelo es rocoso. Muy poco habitada, es una tentación para el miniturismo a pocos minutos de Buenos Aires. Tiene antigua tradición histórica, bellos paisajes, unas enormes y muy coloridas mariposas, huidizos ciervos, un pueblo fantasma, un antiguo faro, un olvidado cementerio y treinta historias que aumentan su misterio. Allí escribió Rubén Darío su *Marcha triunfal*.

Hacia el sur de la ciudad de Buenos Aires, la costa del Río de la Plata se convierte en costa atlántica después de la bahía de Samborombón, en la zona del Tuyú. A cuatrocientos kilómetros de la ciudad de Buenos Aires, Mar del Plata es el gran balneario de la provincia. La urbe, primer enclave turístico importante sobre esa costa, tiene una playa serpenteante frente a la cual se levantan los edificios monumentales del Hotel Provincial y del Casino, diseñados por Alejandro Bustillo. Barrios como el de La Loma eran, hace ochenta años, un paisaje de chalets pintoresquistas principalmente ingleses. Hoy quedan de aquel tiempo la casa de los Ortiz Basualdo, convertida en Museo de la Ciudad, la casa de veraneo de Victoria Ocampo, convertida en centro cultural, y un puñado de otras casas casi todas refuncionalizadas. Mar del Plata posee un pintoresco puerto pesquero, playas de arena fina y agua templada, calles animadas, comercios y unos alfajores tan famosos en el país como las postales típicas de la ciudad.

Al norte de Mar del Plata, la provincia cuenta con un buen número de enclaves balnearios: Villa Gesell, Cariló, Ostende, Pinamar, Santa Teresita… y San Clemente del Tuyú, en donde, además de las playas están los acuarios de Mundo Marino, con sus delfines, orcas y lobos marinos. Hacia el sur de Mar del Plata también hay ciudades balnearias: Miramar, Necochea.

Al oeste de Necochea, sobre el Atlántico, la gran ciudad del sur de la provincia es Bahía Blanca. Puerto de gran importancia económica y ciudad importante en los aspectos culturales y universitarios, Bahía Blanca tiene muy cerca a Puerto Belgrano, la gran base naval de la Argentina, diseñada por el ingeniero italiano Luigi Luiggi en el siglo XIX y que fuera la más moderna de América en su tiempo.

Pero la provincia de Buenos Aires no es sólo un arco de costa atlántica sino una inmensa llanura fértil que, a lo largo del siglo XIX fue parcelada y ocupada a medida que avanzaba la frontera con los escasos indios que antes la recorrían y en campamentos aislados poblaban. Así, la historia de la provincia puede dibujarse en un mapa: hay una sucesión de pueblos —hoy ciudades— que ya rodeaban a la ciudad de Buenos Aires en la época colonial: San Nicolás, San Pedro, San Fernando, Arrecifes, San Antonio de Areco, Capilla del Señor, Luján, Pilar, Morón, San Vicente... En ellas se conserva la memoria del campo en su época heroica. Hay otra línea de ciudades equivalentes que integraron una línea de fuertes y fortines y conforman la frontera de las estancias viejas: Rojas, Salto, Carmen de Areco, Mercedes, Navarro, Lobos, San Miguel del Monte, General Paz (Ranchos), Chascomús... En 1877 el ministro Alsina llevó la frontera hacia el oeste y el sur, hasta Trenque Lauquen, Guaminí, Carhué y Puán; de este modo se integró una enorme zona rural con grandes estancias como las de Junín, Bragado, 25 de Mayo y Las Flores, que más al sur del río Salado —el río cantado por Vicente Barbieri— se extendió a Castelli y Dolores, Maipú y Rauch, y también se proyectó hacia el oeste, a Pehuajó, Bolívar, Olavarría, Azul, Tandil y Balcarce. Todas ellas ciudades típicamente pampeanas aunque cada una tiene su personalidad y muchas encierran alguna historia particular o miran a un paisaje especial. Entre ellas, el campo, con sus sembrados hasta el horizonte, alguna cordillera de eucaliptos plantada para cortar el viento, el ganado vacuno pastando en la inmensidad, algún almacén de ramos generales y pequeñas arboledas en torno a los cascos de las estancias, muchos de ellos verdaderos palacetes que recuerdan un pasado aristocrá-

tico: "He oído desde la infancia, en las mareas de alfalfa y de trigo argentino, rumor de versos franceses", escribió Victoria Ocampo.

Menos aristocráticos y más franceses fueron aun los inmigrantes que hicieron de Pigüé una colonia agrícola. Y el campo de la provincia tuvo colonos de las más diversas nacionalidades, como el alemán Stroeder, que fundó Salliqueló, los holandeses de Chacabuco, los judíos de Colonia Mauricio, los "alemanes del Volga" de Hinojo, los irlandeses de Areco, los daneses de Tandil. Sarmiento decía que quería hacer cien Chivilcoy, la colonia agrícola modelo que él había impulsado.

Pero el campo pampeano, además de trigo y alfalfa, tiene un folklore con maíz, girasol, papa, enormes ombúes con gauchos tomando mate y cantando acompañados por las guitarras, caballos con aperos decorados en plata, hermosos novillos y vacas lecheras, lagunas, juncos, patos y un cielo entero con mil estrellas nocturnas. En Luján, donde además está la histórica Basílica neogótica —el mayor santuario mariano del país—, en San Antonio de Areco —los pagos de *Don Segundo Sombra* y de Güiraldes, con su Museo Gauchesco—, en Capilla del Señor... allí están vivas la tradición y la leyenda del hombre de campo bonaerense, como si aún vivieran los personajes del *Martín Fierro*. En Los Talas, cerca de Luján o en las decenas de estancias ahora abiertas al turismo, puede comprenderse la historia agropecuaria y social de la llanura pampeana. Un horizonte verde apenas cortado por las pequeñas sierras de Tandil, la Sierra de los Padres o la Sierra de la Ventana, y apenas mechado por lagunas como la de Chascomús o la de Monte.

CÓRDOBA

La casa de Manuel Mujica Lainez, en Cruz Chica, se llama "El Paraíso"; probablemente el escritor haya imaginado que el lugar señalado por las Escrituras estaba en Córdoba... De todos modos, la provincia pareciera juntar méritos para justificar esa pretensión. Los paisajes serranos, los arroyos, los campos del sur, las herencias coloniales, el clima... todo hace de Córdoba un mundo especial.

La capital, la ciudad de Córdoba, tiene la Universidad más antigua del país, la Catedral más notable de la época colonial, el Observatorio donde Benjamín Gould pudo descubrir todas las estrellas del cielo del sur. La Iglesia de la Compañía de Jesús, el Colegio de Montserrat, el Cabildo, el Museo Sobremonte y un valioso conjunto de iglesias del mil setecientos mantienen presente la imagen de la poderosa urbe virreinal. La Universidad, la "Casa de Trejo", como se la llama, justifica para Córdoba su apodo: "La Docta". Durante los siglos siguientes la ciudad multiplicó su importancia cultural, con la Academia de Ciencias, el teatro Rivera Indarte, las escuelas Carbó, Alberdi, Olmos... La Cañada se trasformó en un paseo inolvidable y crecieron los barrios: Alta Córdoba, el Cerro de las Rosas. Córdoba es la segunda ciudad del país en magnitud y potencia y la más rica en patrimonio histórico de la época virreinal.

Al sudoeste, en la región paravachasca, está la antigua estancia jesuítica de Alta Gracia, actualmente una ciudad. Quedan en pie la iglesia, el obraje, el tajamar y la memoria. Con los años creció el pueblo y con el ferrocarril llegaron los aristócratas que se hospedaban en el Sierras Hotel. Venían buscando recuperar salud y paz en medio del clima serrano. Clima y paisaje que prefirió también Manuel de Falla, que desde el chalet de Gallardo —hoy museo— creía estar viendo su Granada desde la colina de la Alhambra.

Zona de indios comechingones y de misioneros, zona de caminos de cornisa y de agua cristalina, no lejos de la ciudad de Córdoba, Traslasierra, el valle de Punilla, el valle de Calamuchita, Cosquín —con su festival anual del folklore musical—, La Cumbre y La Falda —con sus casas "alemanas" y sus paisajes como postales— integran un conjunto regional lleno de propuestas para el turismo, el deporte, la aventura, el sosiego, la vivencia física de la naturaleza.

Villa General Belgrano —tan ocurrente con su fiesta de la masa vienesa, de la cerveza o del chocolate alpino—, Villa Carlos Paz —con su aerosilla y su gran reloj cucú en el centro turístico—, el dique Los Molinos, el dique San Roque —que recuerda al legendario dique construido por el ingeniero Cassafouth y el empresario Bialet Massé—, el río Primero —que nunca olvida su nombre tradicional: "el Suquía"— y muchas más son las riquezas de la zona. Pero hay una riqueza especial, antigua y renovada: el Camino de las Estancias, la sucesión de establecimientos rurales jesuíticos del mil setecientos, que ha sido declarado Patrimonio Mundial.

Córdoba es una y es múltiple. Los poemas de Leopoldo Lugones describen la provincia de su infancia; Arturo Capdevila la cantó en versos emocionados su *Córdoba azul*; Jorge Vocos Lescano escribió sus *Canciones de Río Ceballos*; hay una Córdoba en la memoria y otra en el paisaje. O quizás muchas. San Francisco es otra imagen de la provincia, con tractores, sembrados, silos llenos de grano y persistentes recuerdos de la inmigración italiana. En Colonia Caroya el día de la sagra se arma aún una enorme mesa a lo largo de la calle principal, manteniendo viva la tradición friulana. En Bell Ville, Villa María, Río Cuarto, Laboulaye, está la imagen de la Córdoba rural del sur. En cambio, en Jesús María, Ascochinga, la Villa del Totoral, Tulumba, hay otra Córdoba coronada por el cerro Uritorco (1.950 m), cerca de Capilla del Monte. Una Córdoba que se proyecta hacia el cielo igual que la del macizo serrano de Los Gigantes (2.374 m), cerca de Tanti y al norte de la Pampa de Achala.

En el Museo Arqueológico de Ambato, que conserva alfarería de la cultura La Aguada, en la humilde y emocionante

Capilla de Candonga, en el Museo del Virrey Liniers de Alta Gracia, en la avenida Olmos de la ciudad de Córdoba, en las sorprendentes fantasías urbanas del arquitecto Roca o en el mítico Hotel Edén de La Falda, hay otras tantas de las mil expresiones de la provincia de Córdoba, en el centro del país.

LA REGIÓN NOROESTE

La región noroeste conserva buena parte de las tradiciones más antiguas del país. Sobre la base de una herencia indígena vinculada al imperio incaico y de una herencia colonial vinculada al área más rica del imperio español en América, las provincias norteñas desarrollaron una fuerte identidad, en donde lo humano conjuga con la naturaleza con una armonía infrecuente. Pueblitos como Iruya no parecen obra del hombre sino productos naturales del paisaje. En Tucumán, en Catamarca, en Jujuy... los pájaros con sus trinos y los folkloristas con los rasguidos de sus guitarras y sus poesías parecen cantar a coro. El noroeste conmueve con la belleza de sus paisajes y con la nostalgia de su música.

TUCUMÁN

Tucumán es una provincia de antigua tradición y de notable paisaje: el "Jardín de la República", como se la conoce. La zona estaba poblada por indios lules y calchaquíes cuando llegaron los conquistadores españoles. En el Parque Los Menhires se conservan 130 monolitos precolombinos. La ciudad de Tucumán fue fundada en 1565 y trasladada a su actual emplazamiento 120 años después. En la época colonial, fue uno de los centros de mayor trascendencia y de aquel tiempo data su industria. Las mejores carretas del país se fabricaban en Tucumán. La Feria de Simoca —retratada en las telas de Gramajo Gutiérrez— continúa una tradición popular ancestral. Pero además, Tucumán tuvo siempre gran influjo en los destinos del país. En una de sus casas, hoy museo, se proclamó, el 9 de julio de 1816, la independencia de la República Argentina. Grandes pensadores y estadistas de la nueva nación fueron tucumanos: Bernardo de Monteagudo, Juan Bautista Alberdi, Nicolás Avellaneda, Julio A. Roca... La Universidad de Tucumán es uno de los centros del pensamiento argentino.

Con la llegada del ferrocarril, llegaron también los inmigrantes. El arquitecto francés Clodomiro Hileret decidió quedarse y fundó un ingenio azucarero renovando la tradición productiva del obispo Colombres. El azúcar tucumano es tan dulce como la poesía de Jaimes Freyre o la música de Orce Remis. Provincia pequeña en superficie y grande en el espíritu, con las sierras del Aconquija al oeste y las llanuras al este, surcadas por el río Salí. En Tafí del Valle, en Villa Nougués, en San Javier, en el dique El Cadillal, en San Pedro de Colalao, Tucumán sonríe al turismo y le prodiga sus bellezas y su clima cálido. Sus músicos y poetas aseguran que las mujeres tucumanas son "naranjo en flor" y que hasta es distinta la "luna tucumana" cuando se la mira desde los campos de Acheral.

SALTA

¿Será cierto que Hernando de Lerma fundó la ciudad de Salta allí porque sintió una intensa emoción ante el paisaje que contemplaba? En 1582 el aire cristalino, los cerros verdes y las profundas noches estrelladas tenían la misma belleza que también hoy sorprende. Quizás por eso Salta es tierra de poetas y de músicos como los Dávalos, que se renuevan con cada generación. Jaime Dávalos, Artidorio Cresseri, Gustavo Leguizamón, Manuel Castilla, Los Chalchaleros... han hecho de las zambas salteñas una música argentina y universal y han grabado en la nostalgia a *La candelaria* —donde "la luna llora astillas de plata la muerte del sol"—, a la *Quebrada de San Lorenzo* —donde "el canto del chalchalero la siesta del aire moja..."—, a *La López Pereyra*, a lo de *Balderrama* —desde donde "sale cantando la noche"—, a la pomeña *Eulogia Tapia* —que "al aire da su ternura"—.

Salta es una medialuna cortada por la mitad: al este llanuras y selvas y al oeste la precordillera y la Puna. La ciudad de Salta está enclavada en un lugar de privilegio. Desde lo alto de su monumento, Martín Miguel de Güemes cabalga como en los días de la Independencia, defendiendo a la joven nación. En la ciudad, la tradición es historia, presente y futuro.

Pero en Salta hay mucho para ver. Al sudoeste de la capital, los Valles Calchaquíes constituyen una hilera descendente, desde los 3000 m en La Poma hasta los 1600 m en Cafayate. Chicoana, Payogasta, Cachi, Molinos, Angastaco, son antiguos pueblitos suspendidos en el tiempo y en el espacio, en donde puede comprenderse el proceso de mestizaje entre la conquista europea y las herencias precolombinas del ámbito incaico. Al final del recorrido es inevitable brindar con vino de Cafayate o de Colomé, donde están los viñedos más altos del mundo. También al sur de la capital salteña, el valle de Lerma es una vasta cuenca intermontana que retiene el eco de los siglos, de las culturas indígenas, de los conquistadores, de los ejércitos de la Independencia y de la Guerra Gaucha... y de los turistas. El dique de Cabra Corral crea un paisaje nuevo en medio del paisaje natural.

Hacia el noroeste de la capital, por la quebrada del río Toro, se llega a Santa Rosa de Tastil, en "el camino del Inca", cuyo Parque Arqueológico de 12 hectáreas testimonia la importante presencia prehispánica. Desde allí puede seguirse hasta San Antonio de los Cobres. Por la ruta nacional 51 se sigue hasta Chile, pero el recorrido más fantástico es el del Tren de las Nubes, que recorre 217 kilómetros atravesando antiguos pueblos andinos, yacimientos arqueológicos, puentes, túneles y viaductos peraltados que se elevan a 63 metros de un suelo que está a 4.200 m sobre el nivel del mar. Es un modo fascinante de conocer la mayor cordillera del planeta. Y de acercarse a la zona del volcán Socompa (6.031 m) y del cerro Llullaillaco (6.739 m).

Al nordeste de la provincia, fecundada por el río Bermejo, hay una región tropical y de vegetación exuberante que puede también verse en Orán y en el Parque Nacional Baritú, casi inaccesible, en donde los helechos arborescentes, la flora selvática, los yaguaretés y los monos caí dominan la escena.

En Salta hay centros agrícola-ganaderos como Metán, antiguas capillas como la de Iruya, que domina un valle en medio de un paisaje imponente, artesanías de palo santo y madera balsa como las de Tartagal, ancestrales tinajas de barro y textiles de tradición precolombina, lianas, líquenes, nogales, pumas, coatíes, tapires, cóndores y águilas como los del Parque Nacional El Rey... Salta es una representación física de la naturaleza y de la historia.

JUJUY

Jujuy "es una tierra fuerte donde el viento se estira", asegura el poeta Jorge Calvetti. Al sur de la provincia, la capital, San Salvador de Jujuy, combina la tradición colonial, la modernidad y el paisaje de las montañas. En la Catedral colonial, el púlpito es obra de la mano y de la sensibilidad indígena. Al norte de la capital se abre la quebrada de Humahuaca, el más impresionante de los atributos de Jujuy, que combinan la naturaleza con la historia. Entre las montañas y a lo largo del río, entre los trinos de los pájaros, se enhebran pueblos antiguos y mágicos como Tumbaya, Purmamarca —con el espectacular paisaje del Cerro de Siete Colores—, Tilcara —con el Pucará precolombino de 15 hectáreas—, Huacalera —por donde pasa el Trópico de Capricornio—, Uquía... Cada pueblo es un testimonio del siglo XVII, cuando en este remoto confín del Imperio Español, los conquistadores y los indígenas crearon sin sospecharlo una cultura nueva y mestiza, cuya imagen arquitectónica son esas modestas capillas —monumentos históricos nacionales— de adobe y piedra, con techos de barro y paja, con lejanísimos recuerdos de la cultura renacentista y barroca y presencia viva de las pircas incaicas. En la ciudad de Humahuaca está el Museo del Carnaval Norteño. En toda la quebrada se oyen los ecos de los carnavalitos. Hacia el noroeste, Abra Pampa es la capital de la Puna, inmensa meseta a 3.000 m de altura, con clima frío y seco, como una "Siberia argentina". Por allí anda —según las creencias populares— Coquena, el guardián de las vicuñas, el más pequeño de los camélidos americanos. Casabindo y Cochinoca, antiguos pueblos mineros de la Puna, evocan la alfarería indígena, la iconografía de ángeles arcabuceros, la soledad, la inmensidad.

En el extremo norte de la provincia, casi en la frontera con Bolivia, está La Quiaca y muy cerca el pueblo de Yavi, con su antigua iglesia colonial.

Jujuy tiene un paisaje de cerros, ceibos, quebradas, arroyos, cañadones, piedras, valles, coyuyos, mirlos, vino, guitarras, caballos, copleros, tinajas, erkes, quenas, procesiones del misachico, fiestas de la cacharpaya, carnavalitos, viento de la Puna y trinos de los vergeles en torno a las fincas. También tiene termas como las de Reyes y de Aguas Calientes, pejerreyes como los de las lagunas de Yala y un mar blanco en las Salinas Grandes, a 3.700 m sobre el nivel del mar.

CATAMARCA

"Un pueblito aquí, otro más allá, y un camino largo que baja y se pierde…" Así es el paisaje de Catamarca, tal como lo describe la zamba. El 70% de la provincia son montañas, pero la geografía total es una sucesión de contrastes: al oeste y al norte, montañas, quebradas y valles que se elevan en la cordillera de los Andes; al sur, un intenso verdor con cuestas famosas como las del Totoral y del Portezuelo. En la falda de las montañas, la capital, San Fernando del Valle de Catamarca, con su Catedral Basílica diseñada por Caravati en 1859 y dentro de la Catedral, el Camarín de la Virgen del Valle, coronada con 104 diamantes. En Catamarca perdura la tradición de los tejidos artesanales con lana de oveja, de alpaca, llama o vicuña. No por nada se celebra allí la Fiesta Nacional del Poncho. Pero las artesanías más curiosas son las de rodocrosita, una piedra semipreciosa única en el mundo y típica de Andalgalá, desde donde se ve bien el Nevado del Aconquija. O las artesanías de ónix rojo de Antofagasta, ciudad enmarcada por unos murallones naturales de piedra de 100 metros de altura.

Catamarca tiene una riqueza minera notable en Farallón Negro, Capillitas, Aguas de Dionisio: oro, plata, cobre, estaño. Tiene aguas termales en La Ciénaga, pesca deportiva del pejerrey en Ancasti, yacimientos arqueológicos en Tinogasta, monumentos históricos como la casa natal de Fray Mamerto Esquiú en San José. Catamarca tiene una tradición doméstica, intimista, con casas de galería, aljibe, rosal, pajarera, hamaca y malvón, como las casas de Pomán de la zamba *Del tiempo i'mama*. Carlos Villafuerte ha escrito páginas emocionadas recordando la imponente presencia de la Sierra del Ambato, que era la postal que veía desde la ventana de su escuela.

SANTIAGO DEL ESTERO

"Chakay manta" en quechua quiere decir "de allá, de donde soy"; así, como en la chacarera de los Hermanos Ábalos, dicen los santiagueños. Santiago del Estero es una provincia llana, de clima tropical, templado aun en el invierno, y mojado por los esteros. Es en parte una transición entre el noroeste del país y la región chaqueña, algo que se vuelve evidente en Añatuya, mirando los bañados, o internándose por los bosques que integran "El país de la selva", evocado por Ricardo Rojas.

En gran medida, es una provincia agrícola, pero tiene atracciones muy especiales, como las termas de Río Hondo, centro del turismo invernal, en donde es posible tomar baños de "aguas del sol". En el enorme espejo de agua del embalse se practican la pesca y los deportes náuticos.

La capital, Santiago del Estero, fue fundada en 1533 y guarda entre sus tesoros reliquias de San Francisco Solano, que predicó allí. Desde ese punto se bifurcaron hacia el sur, el este y el oeste los caminos de la conquista española, en el siglo XVI. Pero las tradiciones populares mestizas que nacieron entonces perduran en la fiesta de la Telesita, en las prosiones del Señor de los Milagros, en Mailín —donde se entrecruzan el quechua y el castellano—, y en Sumampa, donde se venera a la Virgen de la Consolación. Muy cerca, en Para Yaco, pueden verse antiguos petroglifos.

En 1867, en la batalla de Pozo de Vargas (provincia de La Rioja), triunfaron Varela y los santiagueños. Una antigua y anónima zamba recuerda el hecho. Andrés Chazarreta, que en su infancia oyó a sus mayores cantarla, la salvó del olvido. Desde entonces se la canta en todo el país, lo mismo que a las chacareras santiagueñas, que ya llevan más de siglo y medio dándole íntimos y alegres acentos folklóricos a la tradición.

LA REGIÓN NORDESTE Y LA MESOPOTAMIA

Esta región argentina es parte de una región mayor que se extiende por Uruguay, Brasil y Paraguay: una inmensa cuenca fértil surcada por dos ríos imponentes: el Paraná y el Uruguay. Al unirse, el Paraná aporta el 80% y el Uruguay el 20% del caudal de la Cuenca del Plata. La geología y la topografía, la etnografía y la historia, la economía y el paisaje, tienen allí origen y destino fluvial. Los ríos crearon el territorio y trazaron los rumbos por los cuales hace miles de años descendieron aguas abajo, hacia el sur, las antiguas tribus indígenas. Por esos mismos rumbos, en el siglo XVI, navegaron aguas arriba, hacia el norte, los conquistadores españoles buscando unas riquezas metálicas que nunca hallaron; y en esos mismos rumbos sueñan hoy los economistas y planificadores que piensan en una hidrovía de 3.442 kilómetros que agilice el transporte fluvial y aumente la prosperidad de cuatro naciones.

El eje occidental de la Mesopotamia es el río Paraná, el *pariente del mar*, en la lengua de los guaraníes. Recorre 4.500 kilómetros desde las selvas brasileñas hasta su desembocadura en el Río de la Plata, por donde vuelca sus aguas borrosas en el Atlántico: su cuenca, repartida en varios países, es tan vasta como la superficie de la Argentina y su cauce no sólo está poblado de embarcaciones sino de dorados, surubíes, pejerreyes y otras especies no menos famosas y codiciadas.

Al este de la Mesopotamia, casi paralelo al Paraná, desciende desde las sierras del Brasil, el límpido río Uruguay, de 1.790 kilómetros de largo. *Río de los pájaros,* en lengua guaraní. El norte de la Mesopotamia fue el hábitat de uno de los grandes grupos indígenas neolíticos de América del Sur: los guaraníes, cuya leyenda integra el imaginario europeo de la conquista desde el siglo XVI. Con los guaraníes, en la región del Guayrá, fundaron los misioneros de la Compañía de Jesús aquel mítico imperio teocrático del siglo XVII que ha quedado en la historia con el nombre de Misiones Jesuíticas, hoy Patrimonio Mundial. Expulsados los jesuitas por el rey de España Carlos III, en 1767, las misiones se desmoronaron. En la primera mitad del siglo XIX, la Guerra de la Independencia fue breve en estas regiones; en la segunda mitad del siglo, abiertas las puertas del país a la inmigración, llegaron multitudes de colonos agrícolas italianos, suizos, franceses, rusos, polacos, húngaros... La Mesopotamia mezcló el rumor de los ríos y el trino de los pájaros con las palabras en guaraní, en castellano, en piamontés, en friulano, en *patois...*

Entre Ríos

"Un fresco abrazo de agua la nombra para siempre...", escribió el poeta Carlos Mastronardi: "¡Entre Ríos!, ramaje del agua..." para la zamba. La provincia de Entre Ríos tiene un paisaje natural y un paisaje humano únicos en la Argentina. En la época del Romanticismo, por allí anduvo Giuseppe Garibaldi, el héroe romántico de la unidad italiana. Justo José de Urquiza, el gobernador más célebre de Entre Ríos, atrajo a mediados del siglo XIX a intelectuales franceses exiliados y con ellos fundó el Colegio de Concepción del Uruguay, una de las cunas de la inteligencia argentina. Cerca de Concepción, Urquiza levantó su Palacio San José (museo y monumento nacional) y construyó su estancia modelo: Santa Cándida, pionera en la introducción de la revolución industrial en el país. Al norte, por el río Uruguay, se estableció la fábrica de extracto de carne Liebig, hoy un pueblo fantasma. La zona está poblada de recuerdos históricos —un viejo molino, un derruido falansterio...—, pero también conserva escenarios naturales impactantes, como el Palmar de Colón, extensa reserva inundada de palmeras *yatay*, especie autóctona de gran belleza.

No todo el cauce del río Uruguay es navegable: su lecho es rocoso. En el antiguo Salto Grande se ha construido una gran represa, compartida por Argentina y Uruguay. Está ubicada cerca de Salto y de Concordia, una zona sugestiva para el turismo desde que lo soñara Sarmiento en el siglo XIX y atractiva hoy por sus aguas termales.

Entre la zona del río Uruguay y la del Paraná, Entre Ríos encierra otra historia: el milagro de la inmigración: sus campos fueron cultivados por los "alemanes del Volga", los piamonteses, los gauchos judíos... *hombres rubios del surco*, como se los llamó. El poeta Alberto Gerchunoff aseguraba hacia 1910 que el *Cántico de los Cánticos* tenía la letra del himno nacional argentino. En Urdinarrain, Basavilbaso, Villaguay y tantas poblaciones queda la memoria de la epopeya de la inmigración: habitan el suelo de Entre Ríos gentes de todos los climas del mundo, "por eso la suma del amor humano, tus hijos serán", augura el *Canto a Entre Ríos*. Esa herencia es visible en el magnífico Museo de la Colonia San José, que cuenta con la asistencia de la Smithsonian Institution de Washington.

Hacia el oeste, el río Paraná limita al hinterland agrícola de las lomadas entrerrianas y por sus aguas circula la producción de Entre Ríos: el arroz, las naranjas... Entre la ciudad de Paraná y la de Santa Fe atraviesa el Paraná el túnel subfluvial; al sur, el puente Zárate-Brazo Largo une a Entre Ríos con Buenos Aires. Pero Entre Ríos es casi una inmensa isla con sus paisajes y sus costumbres, festiva en el carnaval de Gualeguaychú, íntima en Larroque y musical al son de la *chamarrita*.

Corrientes

Tanto o más musical es la provincia de Corrientes, con sus chamamés, una expresión de la alegría que brota del canto y del acordeón. Sobre las barrancas del Paraná, al noroeste de la provincia, la ciudad de Corrientes combina esa música con la herencia colonial. Su costanera, sus iglesias y sus escuelas caracterizan un paisaje urbano singular enclavado en un lugar de excepción. El río Paraná, en Corrientes es algo muy especial: hasta allí llegan chárters desde Europa atraídos por la pesca deportiva y el desafío de dorados y surubíes.

Hacia el norte, por el río, se llega hasta Paso de la Patria y más allá: San Cosme y sobre todo Itatí, en donde se venera con devoción a la Virgen. Hacia el sur, Empedrado —con sus recreos playeros—, Saladas —con sus típicas casas—, Bella Vista y especialmente Goya, son típicas muestras de una provincia rica en historia y en vivencias.

Pero Corrientes tiene, como Entre Ríos, tres zonas bien distintas: la del Paraná, la del río Uruguay —en donde se conservan las ruinas de la casa natal del Libertador José de San Martín, en Yapeyú, y en donde se cultiva e industrializa yerba mate— y el hinterland agrícola con ciudades como Curuzú Cuatiá y Mercedes, en donde, además de los cultivos, tienen legendario prestigio los cueros de carpincho.

Hacia el norte de la provincia, entre ambos ríos, se extiende una enorme región característica: los esteros de Iberá, de 80 por 200 kilómetros, en donde el agua, la fauna y la flora se combinan con el cielo para ofrecer el espectáculo magnífico de la naturaleza. El chajá, las garzas y el ciervo de los pantanos tienen allí un hábitat natural. Ya en 1787 los científicos exploraron esta reserva que hoy los turistas recorren con guías naturalistas.

¿Es celeste la laguna de Iberá, como el cielo de Corrientes, según afirma el chamamé? Los correntinos aman su provincia y no lo disimulan: fuera de ella, se sienten "exiliados en el mundo", como el poeta David Martínez.

MISIONES

Hacia el norte, por el Alto Paraná, se llega al corazón de la selva misionera, en donde la vegetación exuberante brota de la húmeda tierra roja. En este territorio indígena los jesuitas organizaron sus misiones guaraníticas, cuyas ruinas —como las de San Ignacio Miní y las de Santa Ana— constituyen hoy monumentos históricos significativos del cono sur americano y uno de los mejores documentos culturales del espíritu del barroco. Pero Misiones esconde otras sorpresas: en Apóstoles, Oberá, Eldorado, Wanda... también la gran inmigración del siglo XIX dejó su profunda huella: en Misiones, además de las blandas piedras talladas por los artífices guaraníes guiados por jesuitas, es posible hallar casitas de madera de colonos alema-

nes, como si la Selva Negra y la Misionera fueran una continuidad.

En Misiones, la naturaleza es pródiga en milagros: valgan como ejemplo los saltos del Moconá, una impresionante sucesión de caídas de agua de 5 a 12 m de altura que cortan longitudinalmente al río Uruguay a lo largo de 3 km.

Sin embargo, la gran atracción de Misiones son las cataratas del Iguazú. Compartidas con Brasil y Paraguay, constituyen uno de los más notables espectáculos de la naturaleza en el mundo. Quienes las visitan no olvidan jamás la imponencia de sus saltos, de la Garganta del Diablo, del sonido y de la bruma. Las cataratas y todo el Parque Nacional Iguazú forman un conjunto sorprendente: mariposas, libélulas, lagartijas, lagartos, yacarés, picaflores, loros, tucanes, urracas, jotes, garzas, coatíes, monos caí, ardillas, pecaríes, tapires, zorros, hurones, yaguaretés, águilas harpías, lapachos, palo rosas, cedros, inciensos, guatambúes, ybirá-pitás, enredaderas, lianas, claveles del aire, orquídeas, mandiocas... es la naturaleza en todo su esplendor.

FORMOSA

Río abajo, por el Alto Paraná, el jangadero es un prototipo humano que halló una vida ruda en los obrajes madereros y un poeta que le cantara en el salteño Jaime Dávalos. Bosques antiguos que el hombre blanco empezó a explorar hace pocos siglos y que, al oeste del Paraná, toman el nombre de la región del Gran Chaco, dentro del nordeste argentino. Recién en la década de 1880, después de la expedición de Benjamín Victorica, estas tierras se incorporaron realmente a la vida activa de la Argentina, pero desde años antes exploradores como Giovanni Pelleschi habían atravesado las selvas y bosques y habían estudiado a los indios tobas, matacos... La ciudad de Formosa data de 1879 y es la joven capital de la provincia. Pero lo notable en Formosa son los turbulentos ríos Pilcomayo y Bermejo, las pirañas, la flor del irupé. La historia humana, la inmigración, son recientes: un monumento histórico como la misión franciscana de San Francisco de Laishi apenas data de 1901. Formosa es una tierra por descubrir.

CHACO

Algo similar sucede con la provincia del Chaco: la capital, Resistencia, unida por el Puente General Belgrano con Corrientes, atravesando el Paraná, es una ciudad reciente, que recibe a la tradición, al chamamé y a los inmigrantes como novedades simultáneas. Sus esculturas de madera, esparcidas por la ciudad, el "Fogón de los Arrieros" —su cenáculo y museo— cuentan con mucha fama y pocas décadas: todo es nuevo en el Chaco, menos la selva. Puerto Tirol, Quitilipi, Presidencia Roque Sáenz Peña... son apenas focos aislados en una ruta que se interna en la inmensidad de El Impenetrable. Hacia el norte, Pampa del Indio y hacia el sur Villa Ángela, saben de los esfuerzos colonizadores de italianos, suizos, búlgaros, húngaros... El Chaco es un mapa de quebrachales, mares blancos de algodón, selva y río.

SANTA FE

Río abajo, por el Paraná, se llega a Santa Fe. Pero el norte de la provincia es muy distinto al sur. El norte comparte con el Chaco muchas de sus características y también de sus historias. Hay puntos clave como Guillermina, en la zona en donde la empresa La Forestal hiciera a fines del siglo XIX una explotación en gran escala del tanino, aumentando tanto su producción como las censuras provenientes de las emergentes agrupaciones anarquistas y socialistas.

Santa Fe, como Corrientes, tiene un pasado colonial: en el casco histórico de la ciudad se conservan algunas de las iglesias más antiguas de la Argentina. Y muy cerca de la plaza principal, la Iglesia de San Francisco es uno de los monumentos históricos más llamativos del país. Pero esta Santa Fe no fue la primera: la primitiva fundación está en Cayastá.

Al sur y al oeste de la ciudad de Santa Fe, la provincia integra la región de la llamada Pampa Gringa, en donde se produjo después de 1870 la muy pacífica "revolución del trigo", jalón importante en la historia del auge económico productivo de la Argentina agropecuaria del siglo XIX. Casilda, Cañada de Gómez, Rafaela, San José de la Esquina, Arequito, Venado Tuerto, Rufino y tantas otras poblaciones guardan la memoria y mantienen la actividad del campo fértil de Santa Fe. Y en el Museo de la Colonia Esperanza se conserva maquinaria de aquella época en que la tierra echó sus frutos gracias al tesón y la inteligencia del colono. Y también gracias a su espíritu: bien lo sabía el poeta José Pedroni, que cantó a la esperanza, desde Esperanza.

Hacia el sur de la provincia, pero sobre las barrancas del Paraná, se halla el convento de San Carlos, en San Lorenzo, escenario de la primera de las batallas que libró San Martín. Un poco más al sur, la ciudad de Rosario es un nudo industrial y cultural que por mucho tiempo fue la segunda ciudad del país. El enorme Monumento a la Bandera rinde homenaje a Manuel Belgrano, creador de la bandera nacional, quien la enarboló a comienzos del siglo XIX, muy cerca de allí. Pero en Rosario, además del monumento, interesan las iglesias, las casas de estilo italiano, los ejemplos de *art nouveau* y de *art déco*, el Parque de la Independencia... Rosario es una gran ciudad, un emporio, un torbellino. Entre Rosario y las cataratas del Iguazú, entre Concepción del Uruguay y la selva chaqueña, la región de los grandes ríos argentinos es un mundo sorprendente por su variedad y su riqueza natural y cultural.

LA REGIÓN DEL NUEVO CUYO

Cuyo es otra región característica de la Argentina. Entre la cordillera y la región pampeana, Cuyo es tanto la obra de la naturaleza como la obra del hombre. Allí existe el pico más alto del mundo occidental —el Aconcagua—, pero también existen los viñedos y los olivares que son fruto de la laboriosidad, la paciencia y la esperanza. Cuyo posee grandes centros de deportes invernales y una historia entrelazada con la gran historia nacional.

La Rioja

En la más abrupta de las cumbres, entre las piedras, crece la más hermosa, la más etérea y virginal de las flores, la diminuta y blanca "flor del aire", según cuenta Joaquín V. González en *Mis montañas*. La mayor parte de la superficie de La Rioja son montañas, montes y bosques naturales. La región perteneció al imperio incaico y las ruinas de la Tambería del Inca lo prueban. En 1593, San Francisco Solano —el primer santo de América— logró la paz entre los indios y los conquistadores. Desde entonces se recuerda el hecho en la Fiesta del Tinkunako.

La capital de la provincia, la ciudad de La Rioja, se halla emplazada al pie de la Sierra de Velasco. La Catedral es diseño del arquitecto Juan B. Arnaldi.

En La Rioja también se entremezclan las herencias indígenas, las de la conquista y las de la inmigración, y se vuelven mestizas en las fiestas populares como la de la Chaya. Al sur de la capital se extiende el territorio que en la primera mitad del siglo XIX fue el escenario de las andanzas de los caudillos del partido federal como Facundo, el "Tigre de los llanos". La segunda ciudad de La Rioja es Chilecito —la patria chica del poeta Arturo Marasso—, cuyo nombre recuerda la profunda vinculación de esta región de larga tradición y de célebres viñedos con el país trasandino. Muy cerca de la ciudad está la finca Samay Huasi, hoy museo dependiente de la Universidad Nacional de La Plata. La propiedad es la casa de retiro de Joaquín V. González, construida por él, en sus altos años, después de ser varias veces ministro, autor de libros importantes, fundador de aquella Universidad... Al norte de Chilecito, los cerros nevados de Famatina atraen al turismo y le recuerdan su pasado minero. Al sur, Nonogasta es una antigua reducción jesuítica en donde hoy crecen los nogales.

Al sudoeste de la provincia, la máxima atracción de La Rioja es el Parque Nacional de Talampaya, una inmensa escultura de piedra tallada por el viento, con paredones de roja roca de casi 150 m de altura y extraordinarias formaciones pétreas de hasta 50 m de altura distribuidas caprichosamente por la erosión a lo largo de los 3 kilómetros de un cañadón que guarda siete ecos, como afirma la tradición.

Al noroeste de La Rioja, la Reserva Provincial de Laguna Brava es una tentación para el turismo de aventura, y una invitación para ir en busca de vicuñas, guanacos, zorros colorados, flamencos blancos y rosados en el confín de la Puna de Atacama. Y aun llegar más allá, hasta el Bonete (6.759 m), en plena cordillera.

San Juan

"Con su caballo de vértigo/ viene del cerro sombrío,/ galopando jarillales,/ saltando cumbres y abismos"... es el viento zonda, tan esencialmente sanjuanino, al que cantaba Antonio de la Torre. San Juan es un triángulo inclinado con cateto en la cordillera y vértice en el valle. Entre acequias, trinos y pueblitos serranos, "caminos enroscados a los cerros, entre vertiginosos laberintos por donde el zonda, enloquecido, arrastra las flores de los quiscos, enciende en pavor las hondonadas, descoyunta los árboles altivos y avienta la sonora primavera por sobre el horizonte enceguecido"... En julio y en agosto la nieve es un espectáculo bellísimo y luego, con los deshielos, un torrente de agua cristalina inunda los desiertos por los ríos Jáchal y San Juan, como si fueran dos grandes toboganes, regando las viñas y los olivares. Tierra de indios huarpes que resistieron a los conquistadores del siglo XVI. Juan Jufré fundó la ciudad de San Juan en 1562. Tierra también de próceres de la época heroica de la joven república: Laprida, Fray Justo Santa María de Oro, Aberastain, Salvador M. del Carril... y Domingo Faustino Sarmiento. En San Juan se conserva como una reliquia su casa natal, con el telar de su madre y el retoño de la legendaria higuera. Por milagro sobrevivieron al terremoto de 1944 que arrasó la ciudad.

Al este de la ciudad de San Juan, el embalse Quebrada de Ullum, que riega 70.000 hectáreas. En una piedra de la quebrada, Sarmiento escribió en 1840 la frase: "Las ideas no se matan"... Al norte de San Juan, Albardón es zona de aguas hipotermales, terapéuticas. En el Museo Arqueológico se conserva la momia del Cerro Toro: cuerpo congelado naturalmente de un chasqui incaico, hallada en 1964 a 6.100 m de altura. La herencia indígena no ha muerto del todo y el pensamiento mágico se mimetiza con el cristianismo en las devociones populares como puede verse en el ofrendatorio de la Virgen de Pachaco o en el de la Difunta Correa. Pero en Jáchal la Iglesia de San José, antiguas casas de adobe aún en pie y las artesanías tradicionales son menos indígenas y más puramente representativas de la cultura mestiza de los siglos XVIII y XIX: aún nacen en los telares criollos mantas, ponchos, frazadas. En cambio, Calingasta, en un valle al pie de la cordillera, se

destaca por el cobre, las manzanas, la sidra; en el dique Los Cauquenes y en Villa San Agustín hay pesca deportiva de pejerreyes, motonáutica, esquí acuático.

San Juan tiene, también, paisajes sorprendentes. Como el del dique Cuesta del Viento, con las rocas talladas por la erosión, al igual que en Hilario, en donde la formación geológica de El Alcázar es un monumento natural. El mayor de estos insólitos y deslumbrantes caprichos de la naturaleza está cerca de Baldecitos: el Valle de la Luna, hoy Parque Natural Ischigualasto. Las inmensas geoformas, los helechos gigantes, las araucarias petrificadas, los fósiles, las huellas, hablan de una geología imponente y de formas de vida extinguidas hace 225 millones de años. El yacimiento paleontológico tiene 25 por 10 km y es uno de los tres más importantes del mundo. Ischigualasto es una de las maravillas de la naturaleza.

Pero San Juan tiene otras sorpresas. Cerca de Ischigualasto está la Reserva Natural de Valle Fértil, con monte, cardonales y bosques de quebrachos. Y en la vera del camino a Chile, a 5.000 m de altura, hay una marea de pequeños glaciares que son como agujas de hielo y que la tradición llama penitentes porque a lo lejos sus siluetas se parecen a aquellos devotos. Y en un paraje muy escondido, con cumbres nevadas de 5.000 m y vegas y desiertos a 3.000 m, las 981.460 hectáreas de la Reserva de la Biosfera San Guillermo es uno de los lugares de mejor clima en el mundo y una apasionante invitación al turismo de aventura.

San Juan, la tierra de Sarmiento, de los huarpes y del viento zonda, es también "la residencia del sol", aseguran los sanjuaninos. Quizás sea un exceso, pero lo cierto es que en El Leoncito el aire es tan diáfano que allí han venido a instalarse dos de los observatorios astronómicos de mayor importancia del país.

MENDOZA

"Hoy que mi tierra danza coronada de pámpanos quiero decir mi canto fraternal...", escribía Alfredo Bufano en su poema *En el día de la recolección de los frutos*. Mendoza es quizás el oasis más rico del país; casi toda la provincia está a más de 1.000 m de altura y es un conjunto de planicies desérticas, con vegetación esteparia entre la precordillera y la cordillera y con el espectáculo natural de la nieve en julio y en agosto. Pero Mendoza es un territorio natural transformado por la voluntad, el coraje y la solidaridad. Mendoza es la victoria del hombre sobre sí mismo y sobre la hostilidad de la naturaleza. En Mendoza organizó San Martín el Ejército de los Andes que aseguró la libertad del cono sur americano; en Mendoza los mendocinos hicieron los canales y las acequias que transformaron el desierto en oasis. Mendoza es hoy uno de los centros turísticos más destacados de la Argentina, con sus deportes de invierno y el turismo de aventura. En septiembre, con los deshielos, los ríos se vuelven caudalosos, pero en vez de perder su fuerza inútilmente, unos diques estratégicamente dispuestos desvían el agua por la red de irrigación para que cumpla su misión de fecundar las plantaciones frutícolas y hortícolas, los olivares y los viñedos. Aquellas cepas introducidas por don Tiburcio Benegas y otros pioneros y el tesón de muchos años, han hecho de Mendoza el primer productor de vino. El cabernet-sauvignon, el merlot, el pinot noir, el semillón, el chardonnay y sobre todo el malbec son algunos de los títulos de nobleza mendocinos. Las bodegas muestran sus toneles a los turistas y los reciben en sus museos, sus restaurantes, sus salas de degustación.

Los diques (El Nihuil, El Carrizal, Valle Grande) proveen energía hidroeléctrica y en sus embalses se practican deportes náuticos, otra de las especialidades de Mendoza, también propia de ríos como el Atuel, paraíso del rafting, del windsurf y de la navegación en kayac.

Mendoza, la ciudad capital, es en sí misma un oasis. Fundada en el siglo XVI y destruida en 1861 por un terremoto, fue reconstruida con un diseño geométrico, decenas de kilómetros de acequias, calles y avenidas amplias, con 70.000 árboles y parques como el General San Martín, diseñado por Carlos Thays. En el anfiteatro griego, la de la Vendimia es una fiesta sin igual. El Museo del Área Fundacional, el Museo del Pasado Cuyano —casa de Civit—, el Colegio Nacional Agustín Álvarez —una de las primeras construcciones antisísmicas—, el Monumento al Ejército de los Andes en el Cerro de la Gloria, son otras tantas atracciones de la ciudad de Mendoza. Muy cerca, Maipú —zona de bodegas y museos—, El Plumerillo —en donde estuvo el campamento del Ejército de San Martín—, Luján de Cuyo, la Iglesia de la Carrodilla —patrona de los viñedos—, el Museo Provincial de Bellas Artes Emiliano Guiñazú —casa del pintor Fernando Fader—, el dique Cipolletti —en donde se pescan truchas— y Chacras de Coria —solariega villa serrana—, constituyen otros tantos dones de Mendoza.

En toda la provincia hay recuerdos sanmartinianos. En San Carlos están las ruinas del Fuerte en donde San Martín pidió a los indios pehuenches permiso para atravesar sus tierras e iniciar la campaña libertadora rumbo a Chile. En cambio, Uspallata tiene recuerdos de un siglo después, cuando el ferrocarril trasandino ascendió a la cordillera para unir los dos países finalmente en 1912.

Hacia el sur de la provincia, San Rafael es la segunda ciudad de Mendoza, y su memoria es la de la epopeya de la inmigración. Colonos franceses, suizos e italianos hicieron de "aquel San Rafael de los álamos" —como lo llamó Luis Ricardo Casnati— un oasis también.

El camino internacional a Chile es la ruta 7. A 48 kilómetros de Mendoza, Potrerillos es ya una localidad de alta montaña. En Las Cuevas, la última población antes de la frontera, en plena cordillera, nacen el túnel ferroviario y el carretero, a 3.080 m de altura. Las Cuevas es una villa turística cuya arquitectura imita la escandinava. En el Paso de la Cumbre, por donde cruzó la cordillera, en 1817, una de las columnas del Ejército de San Martín, justo en la frontera, se levanta desde hace casi un siglo el monumento al Cristo Redentor, un monumento a la paz: "Se desplomarán primero estas montañas —dice la inscripción— antes que chilenos y argentinos rompan la paz jurada al pie del Cristo Redentor".

Mendoza tiene magníficos centros de deportes de invierno: Vallecitos, Las Leñas, Los Penitentes. Las Leñas es un complejo moderno, de alto nivel, muy soleado y con clima seco, tanto para principiantes como para expertos, con calidad y cantidad de nieve, con 60 km de pistas incluyendo una, iluminada, para esquí nocturno y otra con un descenso de 7 km. Los Penitentes tiene 21 pistas para todos los niveles. Muy cerca está la laguna Los Horcones, con aguas de manantiales de 5.000 m de profundidad.

Mendoza también tiene centros termales. En Villavicencio, en alta montaña, las aguas minerales y termales afloran a una temperatura de 26 a 36 ºC; en la zona de Puente del Inca —puente natural sobre el río Las Cuevas, de 47 m de largo y 23 m de altura— las aguas tienen entre 34 y 38 ºC.; en Los Molles la temperatura del agua oscila entre los 36 y los 48 ºC; en Cacheuta las aguas de alto valor terapéutico tienen entre 45 y 48 ºC. En Tunuyán, en cambio, la tentación son las cabalgatas en la montaña, y Malargüe es llamada "la capital del turismo de aventura". Aunque pocas aventuras se comparan a la del andinismo, y en este aspecto, Mendoza tiene dos hitos impresionantes: el Tupungato, de 6.800 m y el Aconcagua, de 6.959 m, el pico más alto de América y el segundo del mundo después del Everest. 3.000 andinistas anuales se le atreven. El Parque Provincial Aconcagua es una reserva ecológica y arqueológica de 75.000 hectáreas y un área de andinismo y de trekking.

Mendoza tiene las más variadas facetas, pero el alma mendocina no se revela tanto en los deportes como en la prolijidad de sus poblaciones, en lo metódico de su agricultura, en el arrullo amoroso de sus tonadas y en la fiesta del vino.

SAN LUIS

San Luis es una provincia de piedra: es el "bravío y áspero reducto" de los puntanos, según el poeta Antonio Esteban Agüero. Al norte, montañas, serranías, hondonales, ríos y arroyos y al sur el verde, el maíz, el girasol, el sorgo y el centeno, con la capital en el medio. La ciudad de San Luis fue fundada en 1594 al pie de las Sierras Grandes, en la Punta de los Venados. Los puntanos siguen su vida apacible en casas con patios soleados.

En San Luis se entremezclan la historia, la belleza, el paisaje y el descanso. En 1813 San Martín y Pueyrredón se entrevistaron en La Aguada de Pueyrredón, hoy centro termal en medio de una ladera casi vertical. En 1826 Sarmiento —un niño— fue maestro en la escuelita de San Francisco del Monte de Oro, hoy monumento histórico nacional. La Carolina es una antigua mina de oro, abandonada. En la Gruta de Intihuasi hay pinturas rupestres de 6.000 años antes de Cristo. En el Parque Nacional Sierra de las Quijadas se ven formaciones pétreas mesozoicas. Allí se sienten los 40 ºC.

San Luis es tierra huarpe. Los indios la habitaron por muchos siglos, antes de la llegada de los conquistadores. Pero hoy, San Luis es la patria del sosiego y de la calma. En Potrero de los Funes hay buena pesca y deportes náuticos. Desde allí se recorre la quebrada de los Cóndores y se realizan cabalgatas a la quebrada del León Colgado. En Merlo, al pie de la sierra de los Comechingones, el paisaje serrano, pintoresco, las herencias coloniales del siglo XVIII y el excelente microclima propio del enclave topográfico, cooperan en crear un efecto balsámico. Y en Piedra Blanca sólo se oye el rumor de los arroyitos de aguas cristalinas que bajan de las sierras. San Luis es un refugio para el alma. Pero San Luis también tiene una actualidad vigorosa. Desde 1983 el parque tecnológico ha transformado a una de las provincias más pobres en un oasis sin desocupación. En la placidez de Merlo hay también un centro de turismo internacional que hasta incluye un casino de capitales y estilo norteamericanos.

LA REGIÓN DE LA PATAGONIA

Entre la cordillera de los Andes y el Atlántico Sur, la Patagonia es una inmensa meseta árida que despierta una viva fascinación a quienes la descubren. Fue la última de las regiones en incorporarse activamente a la vida del país, aunque fue explorada antes que el Chaco. La Patagonia tiene fantásticos lagos de un intenso color azul entre montañas altísimas con nieves perpetuas, bosques con árboles gigantes, glaciares imponentes, millones de pingüinos y de pájaros autóctonos y millones de ovejas criadas en sus fabulosas estancias. La Patagonia es todavía un territorio natural.

LA PAMPA

La Pampa es la lenta transición entre la llanura pampeana y la meseta patagónica. Aunque está al norte del río Colorado, se vuelca hacia él en el sur. Es una enorme extensión plana, casi sin árboles, con pastos duros, alguna serranía, unas pocas lagunas y algún bosque de caldén. En los veinte años que pueden contarse a partir de 1879, a los in-

dios rangueles les sucedieron los soldados, a éstos los colonos y enseguida —según escribe Ricardo Nervi— llegaron los maestros. La Pampa fue el escenario de grandes luchas entre las tribus araucanas y el ejército nacional argentino. Caciques famosos como Calfucurá, Catriel y Namuncurá, con 2.500 guerreros se enfrentaron con las tropas regulares, y perdieron las batallas. Las ciudades de La Pampa fueron fundadas en 1882, 1892, 1905... Poco a poco, los hombres blancos fueron transformando el paisaje. A la lucha contra los indios, le sucedió la lucha contra el desierto prepatagónico. Las barreras de árboles cortavientos, los trigales y los campos de pastoreo son victorias del hombre contra la erosión y el médano. El pampero, el viento fuerte de la pampa, escribió parte de su historia, pero ahora el influjo del embalse de El Chocón, en plena Patagonia ha cambiado el clima.

La ciudad de Santa Rosa es la capital: allí todo es muy nuevo. Su principal monumento es el Centro Cívico, diseñado por el arquitecto Clorindo Testa y sus socios entre 1963 y 1970. Muy cerca, la antigua estancia de Pedro Luro es hoy una atracción turística. El coto de caza, con ciervos colorados, jabalíes europeos y faisanes importados por Luro, se ha convertido en una reserva natural en parte intangible. De marzo a julio, la época de brama, las manadas de ciervos dan una impresión notable.

General Acha, en donde termina la llanura pampeana y comienza el desierto patagónico, ha reconstruido su fortín, que es hoy museo histórico. Las rocas precámbricas de color salmón del Parque Nacional de Lihuel Calel, en el centro de la provincia, último refugio del cacique Namuncurá, son un yacimiento arqueológico, una reserva de flora y fauna y un lugar de ecoturismo: allí pueden verse líquenes y cactáceas, guanacos y ñandúes. Las Salinas Grandes, en donde estuvieron las grandes tolderías de los rangueles, se convirtieron en centros productivos. General

Pico, Victorica, Quemú Quemú, son típicas ciudades pampeanas en donde el paisaje se forma con el campo, el ferrocarril, la arena y la soledad. Pero en La Pampa también viven los descendientes de los "alemanes del Volga" (en Winifreda), de los piamonteses (en Castex), de los vascos (en General Acha y en Macachín), de los valdenses, de los menonitas... La Pampa es el confín de la llanura fértil y la puerta de entrada a la inmensidad de la Patagonia.

NEUQUÉN

¿Quién te llamó "Pasto Verde"?, pregunta la voz campera de José Larralde cuando entona la zamba de Marcelo Berbel que evoca a aquella Carmen Funes, cantinera de las fuerzas expedicionarias al desierto que era "el coraje hecho mujer". Tiempos duros, que aún quedan muy cercanos en la memoria neuquina. Allí, la integración nacional es reciente: apenas en 1884 hubo por primera vez un gobernador; en 1902 llegó el ferrocarril; dos años después fue fundada la ciudad de Neuquén, centro comercial y financiero de la región, en donde también funciona la Universidad Nacional.

La provincia de Neuquén es también un triángulo inclinado, con vértice verde en la capital y cateto en la cordillera. Entre ambos, la meseta. Montañas, volcanes, ríos y lagos inmensos forman el paisaje. En Plaza Huincul y en Cutral Co la vida gira alrededor del petróleo; en Piedra del Águila, Alicurá y El Chocón hay enormes represas productoras de energía hidroeléctrica. Pero en el embalse de El Chocón, de 816 km², pueden también pescarse truchas, percas y pejerreyes y en el museo de la villa admirarse los esqueletos de algunos de los dinosaurios más grandes del mundo.

Copahue, cerca de la frontera con Chile, es un gran centro termal, al pie de un volcán nevado; a 18 km, Caviahue, en cambio, es un centro de esquí cuya villa turística tiene una magnífica vista hacia un lago. Hacia el sur, más allá de Junín de los Andes —que tiene un museo mapuche— está San Martín de los Andes —"capital turística de Neuquén"—. La ciudad, junto al lago Lácar, es la puerta de entrada al Parque Nacional Lanín, de 378.000 ha, dominado por el volcán de 3.770 m, en donde se practica el andinismo. A pocos minutos está el cerro Chapelco, cuyo centro turístico tiene una enorme capacidad de traslado de esquiadores y vistas espectaculares.

Neuquén es una provincia con lagos deslumbrantes: en el Traful, el Aluminé, el Moquehue, el Rucachoroi y el Quillén, además pueden pescarse salmones, truchas y percas. Cerca de Aluminé hay asentamientos indígenas de costumbres ancestrales. Próximo a Rucachoroi están el valle del Pulmarí y el lago Ñorquinco, entre bosques casi impenetrables de pinos, robles, raulíes, araucarias gigantes de 500 años de antigüedad y cañas colihues.

Villa La Angostura, a orillas del lago Nahuel Huapi, tiene muy cerca el Parque Nacional de Los Arrayanes, uno de los lugares mágicos de la región. En él se inspiró Walt Disney para crear una de las escenas de "Bambi". Victoria Ocampo admiró también a esos árboles altos, "de tronco rojizo, terso y extremadamente suaves al tacto" que forman un bosque cuyo interior "está bañado en una luz rosada" de "efecto alucinante". También está cerca el Valle Encantado, paisaje pétreo tallado por la erosión que ha creado formas caprichosas como el "Dedo de Dios", de 30 m de altura. En Neuquén es todo reciente menos la belleza de sus altas cumbres, de sus ríos y de sus imponentes lagos.

RÍO NEGRO

¿Por qué se enamoraron de los grandes lagos patagónicos personas tan diferentes como el padre Mascardi y Victoria

Ocampo, Francisco Pascasio Moreno y Germán Sopeña? El espectáculo es inigualable: la hilera de azules lagos cordilleranos, como el Nahuel Huapi, el Gutiérrez y el Mascardi crean un paisaje de fantasía, como inmensos espejos que duplican las montañas, los bosques, la nieve y el cielo. Río Negro tiene un vértice lacustre y otro atlántico, entre los cuales se extiende una meseta triangular, árida, fría y ventosa que se apoya en la línea imaginaria del paralelo de los 42º Sur. La visión de los estadistas de la Generación del 80, la ciencia hidráulica del ingeniero Cesare Cipolletti y las manos de miles de obreros y labriegos hicieron del Alto Valle del Río Negro un vergel, un regadío productivo de importancia nacional. La calidad de las peras y manzanas del valle son el verdadero monumento a aquel triunfo de la imaginación, de la sabiduría y del esfuerzo. Choele Choel y General Roca fueron fundadas en 1879, al concluir la Conquista del Desierto. La ciudad de Cipolletti data de 1903. Son centros agrícolas de pequeñas chacras y de moderna tecnología. Pero la epopeya del Alto Valle se refleja aun mejor en Villa Regina, colonia de inmigrantes italianos que data de 1924 y cuya producción es marca reconocida por su calidad.

La capital de Río Negro es Viedma, a 30 km del Atlántico. Fundada en 1779, fue un enclave defensivo en tiempos del rey Carlos III, cuando se fortificó por primera vez la costa patagónica. Muy cerca, la Reserva Faunística de Punta Bermeja —que tiene su centro de interpretación— permite ver, entre los acantilados y las piletas naturales de aguas saladas, una colonia de lobos marinos. Sobre el golfo San Matías, San Antonio Oeste es un puerto para buques de gran porte y para naves pesqueras que capturan desde tiburones hasta mariscos: ostras, mejillones, cholgas, vieiras, pulpitos. Desde San Antonio Oeste, aún parte el antiguo Expreso Patagónico, más conocido actualmente como "La Trochita", uno de los cinco ferrocarriles del mundo con trocha de 75 cm. El riel une la costa con los Andes y llega a Esquel (en la provincia de Chubut), luego de 401 increíbles kilómetros, 14 horas de marcha y 620 curvas. Las locomotoras de vapor, que arrastran los pequeños vagones de 1922, proponen una fascinante aventura que permite revivir la época de oro del ferrocarril en medio de un paisaje natural.

Apenas unas décadas antes que el ferrocarril, atravesaron la Patagonia los primeros exploradores. En 1875, con la contribución de la Sociedad Científica Argentina, el naturalista Francisco P. Moreno exploró estas tierras aún recorridas por las tribus nómades de tehuelches araucanizados. Al año siguiente llegó al Nahuel Huapi, en una de cuyas islas —Centinela— fue construida su tumba en 1944, a 25 años de su muerte. Moreno amó intensamente estas tierras y llegó a conocerlas tan profundamente que fue llamado para actuar como perito en cuestiones de límites con Chile, gestión que desempeñó con inigualable ciencia, justicia y patriotismo. En agradecimiento, le fueron donadas extensiones de tierra que él donó para crear el primer Parque Nacional de la Argentina, el del Nahuel Huapi. Posteriormente los gobiernos le anexaron territorios que en definitiva suman 785.000 hectáreas.

Frente al lago, nació en 1903 la ciudad de Bariloche. Su arquitectura es pintoresca y evoca a las villas alpinas. Su emplazamiento es increíble. Con los años, Bariloche creció en importancia hasta convertirse en uno de los grandes centros turísticos del país y en cuna de instituciones de renombre: la Camerata Bariloche, el Instituto Balseiro... Por el Circuito Chico se llega hasta la península del Llao Llao, donde está el célebre hotel diseñado por Alejandro Bustillo. Moreno halló semejanzas entre el paisaje del Nahuel Huapi y el paisaje de Suiza y los colonos suizos no tardaron en llegar. Bariloche tiene un Centro Cívico de piedra y pizarra, casas de madera fabricadas por el pionero Primo Capraro, chocolates inigualables y restaurantes en donde es posible elegir platos muy especiales: trucha, jabalí, ciervo ahumado... Desde Bariloche puede iniciarse la ascensión al cerro Otto o al cerro Catedral —centro de esquí cuyo prestigio es internacional— o emprenderse una excursión por el lago, y llegar a la isla Victoria después de una hora y media de navegación. El Nahuel Huapi tiene 550 km² y está a 767 m de altura sobre el nivel del mar. Alrededor, los bosques de las laderas lucen todo el año pero llegan a su mayor colorido en otoño. Los coihues, colihues, las rojas lengas, los arrayanes y los dorados álamos crean un paisaje que supera a la imaginación. Victoria Ocampo aseguraba que no se parecía en nada a lo visto en el mundo.

Hacia el sur de Bariloche, El Bolsón es zona de plantaciones de frutales, hortalizas y lúpulo. Pero sobre todo, es un centro de turismo ecológico, naturista y una tentación para el paladar con sus dulces regionales de frutilla, frambuesa, grosella, saúco y rosa mosqueta.

CHUBUT

Chubut es una franja transversal de la Patagonia, trazada entre los paralelos de los 42 y 46º Sur. Mide 600 por 450 kilómetros y tiene tres zonas paralelas: la cordillerana, la atlántica y entre ellas la inmensa estepa. Su historia es atípica: en 1865 llegaron a Chubut colonos galeses que se asentaron en Rawson y se extendieron por los valles fundando y poblando ciudades como Trelew, Gaiman, Dolavon, Trevelín, Madryn. Por dos décadas las únicas banderas argentinas que flamearon en Chubut las izaron los colonos galeses... Todavía hoy se celebran allí los juegos florales con juglares, poetas y músicos —el Eisteddfod— como en Gales, se reza en las capillas galesas, se sirven tortas negras en las casas de té galesas... Pero en Trelew, además de disfrutarse de la repostería exquisita puede visitarse el magnífico Museo Paleontológico Egidio Feruglio, que exhibe con una didáctica muy moderna una flora y una fauna fósiles que superan los 300 millones de años de antigüedad. A 127 km, la ingeniería argentina ha construido el dique Florentino Ameghino, uno de los

mayores de América. Igualmente, al oeste de la provincia, la gran represa de Futaleufú también suministra electricidad y agua para riego.

En 1907, buscando agua potable, se halló petróleo en Comodoro Rivadavia y la historia de toda la Patagonia cambió a partir del hallazgo. Pero la industria no es incompatible con el deporte y la recreación: Rada Tilly, el balneario cercano a Comodoro, en medio de un paisaje espectacular, es lugar de deportes náuticos, motocross, mountain bikes y carrovelismo. Al sur de la provincia, cerca de Colonia Escalante —en donde se asentaron los colonos boers— está Sarmiento —zona agrícola—, desde donde puede irse al lago Musters o al Bosque Petrificado José Ormachea.

Cerca de la cordillera están El Maitén —zona de deportes de invierno—, el Parque Nacional Lago Puelo —con especies arbóreas muy raras—, el cañón del río Epuyén —con altísimas paredes a pique—, el lago Cholila, un paisaje inolvidable... Esquel es la ciudad más importante del área cordillerana. Hasta allí llega "La Trochita" —el Expreso Patagónico—. Por estas tierras anduvo el célebre Butch Cassidy, escapando de su temible pasado como bandido norteamericano. Esquel es la puerta de entrada al Parque Nacional Los Alerces, que protege los bosques de esos árboles gigantes de hasta 60 m de altura y 3,5 m de diámetro, que superan a veces los 3.000 años de edad. Dentro del parque, el lago Futalaufquen tiene aguas color azul plateado, laderas con bosques muy tupidos y una flora de sorprendente colorido.

Pero el otro gran espectáculo de Chubut está al este, en el litoral atlántico, en donde no sólo se pescan industrialmente camarones, langostinos, pulpos, salmones, sardinas, merluzas y cazones: toda la costa es una fiesta para los amantes de la naturaleza. En Punta Tombo, la pingüinera alcanza al millón de ejemplares. La postura e incubación, el aprendizaje de la natación y el cambio de plumaje son las escenas de uno de los mayores espectáculos de fauna silvestre del mundo. En Cabo Dos Bahías pueden verse lobos marinos de dos pelos, pingüinos magallánicos, gaviotas, cormoranes e incluso guanacos.

En Puerto Madryn, adonde llegaron los galeses en 1865, en sus aguas serenas y muy transparentes que la luz solar atraviesa hasta 70 m de profundidad, pueden realizarse todo tipo de actividades subacuáticas: buceo, fotografía, arqueología... y también acuáticas: motonáutica, navegación a vela, canotaje, esquí, windsurf.

A 60 km de Madryn está la entrada a la península Valdés, que penetra 80 km en el mar y en un paraíso natural con múltiples loberías y elefanterías marinas, orcas, gaviotas, cormoranes, biguás, garzas, patos, albatros y pelícanos. En mayo llegan al golfo Nuevo las ballenas francas y se quedan allí hasta mediados de diciembre. Esos son los meses para visitar el paraíso austral en la provincia de Chubut.

SANTA CRUZ

Casi toda la provincia de Santa Cruz es una inmensa y despoblada meseta de clima árido. La provincia tiene el 0,5% de la población del país, su densidad (0,7 habitante/km²) es la más baja del país y sólo el 8% de sus habitantes viven en zonas rurales. Santa Cruz —según escribe Luis Brandam— tiene el día más corto, la noche más larga, el lago más extenso, las cumbres más inaccesibles, las mareas más grandes y las cuencas de hidrocarburos más ricas del país. Existen además, en Santa Cruz, estancias de increíble vastedad, con millones de ovejas.

Pero la provincia tiene también otro privilegio. El 31 de marzo de 1520 Fernando de Magallanes desembarcó en la bahía de San Julián y permaneció con sus marinos durante 5 meses en territorio de Santa Cruz. Allí mandó oficiar la primera misa cristiana en actual territorio argentino, allí construyó la primera arquitectura europea del país, allí instaló el primer observatorio. Allí nació el topónimo "Patagonia".

Río Gallegos, la capital, tiene una arquitectura de madera y metal, muy inglesa, y conserva como una reliquia el edificio desde cuyo balcón habló el presidente Roca —el primero en visitar oficialmente la Patagonia—, que venía de entrevistarse en Punta Arenas con el presidente de Chile, con quien había sellado la paz... Todo el litoral atlántico es una sucesión de pingüineras y loberías: Puerto Deseado, con la Ría de 42 km, es otro oasis ecológico para la fauna.

En Santa Cruz también existen puntos de gran interés arqueológico y paleontológico. En los Bosques Petrificados hay restos de árboles fosilizados hace 75 millones de años. En la Cueva de las Manos —Patrimonio de la Humanidad—, sobre el río Pinturas, existen pinturas rupestres realizadas entre 7.300 y 1.000 años antes de Cristo.

La zona cordillerana —de clima muy frío— tiene lagos inmensos como el Buenos Aires (de 2.240 km²), compartido con Chile, reservas de fauna y flora como el Parque Nacional Perito Moreno y montañas tan altas como el Fitz Roy (3.405 m), uno de los mayores desafíos para los andinistas.

Pero sin dudas lo más imponente de Santa Cruz es el Parque Nacional Los Glaciares, cerca de Calafate. Sus 600.000 hectáreas son Patrimonio de la Humanidad. Allí hay nieve, enormes bosques de coihues, cipreses y lengas, huemules, guanacos y halcones, formidables lagos azules con fiordos, canales y bahías —como el lago Argentino, descubierto en 1877 por Francisco P. Moreno—, y 47 grandes glaciares. Las nieves eternas de la cordillera crean el campo de hielos de 150 por 50 km que desciende en glaciares mayores como el glaciar Perito Moreno —a 1.600 m de altura—, cuya masa de hielo tiene otros 60 m de altura. En cualquier época del año, el impresionante silencio austral es quebrado violentamente por los derrumbes de los bloques de hielo que luego, hechos témpanos, bajan por los ríos. En el glaciar celebró la República Argentina el inicio del nuevo milenio.

TIERRA DEL FUEGO, ISLAS DEL ATLÁNTICO SUR Y DEL SECTOR ANTÁRTICO Y ANTÁRTIDA ARGENTINA

Una de las novelas de Julio Verne —*El faro del fin del mundo*— tiene por escenario el extremo austral de la Argentina. No el faro de la novela, pero sí el Museo del Fin del Mundo existe realmente en Ushuaia. Tierra del Fuego ejerce fascinación sobre el viajero por su clima sorprendente —ya que la topografía corta los vientos—, por la belleza del lago Escondido, por la maravilla de los canales fueguinos, por la perfección de su ganadería ovina en estancias como María Behety y por la presencia de innumerables investigadores de la naturaleza en zonas como Puerto Remolino, donde se hablan todas las lenguas y se reúnen miembros de la Sociedad Científica Argentina con pares de la National Geographic Society y de instituciones de Francia, España...

Tierra del Fuego es el extremo en donde la Argentina se extiende por las islas del Atlántico Sur y del Sector Antártico y se dilata en la propia Antártida Argentina. Zona de investigación científica, adonde los barcos de la Armada llevan víveres y de donde traen descubrimientos. Zona en donde todo es aún más futuro que historia aunque dentro de la corta historia de la instalación humana, la Argentina tiene allí una tradición poderosa y verdadera.

CINCO REGIONES

Hay en la Argentina cinco grandes regiones: no son las que marcan la topografía, el clima o la historia. Son las regiones actuales: una forma de agrupar provincias, ciudades, ríos, campos y montañas. Una forma no menos lógica, ni menos arbitraria tampoco, que otras formas de agrupamiento. Pero en el relato de lo más característico de estas regiones, nada es excesivo aunque falten muchas otras cosas notables. La República Argentina tiene esos paisajes y muchos más. Y tiene también la gente que la habita y construye y la memoria de los que en su suelo han luchado, han trabajado, han amado y han soñado. Hay una Argentina evidente y hay otra Argentina íntima que se descubre en su música, en su poesía y en las confidencias de la mesa familiar. La Argentina es un vasto territorio en donde el horizonte y el cielo se dilatan y el espíritu también.

ARGENTINA

Argentina is a vast triangle located at the southern end of the South American continent, projecting itself towards some cold islands in the Atlantic and a never forgotten Antarctic sector. At the beginning of the sixteenth century, the Spanish conquerors arrived in a territory sparsely populated by natives of five different ethnic groups. During almost two centuries, growth was almost insignificant. Modern Argentina is a legacy of the last two hundred years.

As new territories were discovered, explored and intercommunicated, astonishing landscapes and natural resources were unveiled: the southern lakes and glaciers, the Cordillera, Iguazú Falls, forests, woods and prairies, southern right whales and Magellanic penguins, hills and valleys, huge rivers and the Southern Cross on the southern skies. There is a natural Argentina that offers a thousand landscapes, a thousand stories, a thousand evocative images. All these are joined by the thousand works of an Argentina transformed by man: cave paintings, the Jesuit Missions, the colonial churches of the north, the Cathedral of Córdoba, Buenos Aires, the Colón Theater, the Museum of La Plata, the canals and irrigation ditches of Mendoza and of the High Valley of the Río Negro, the huge estancias, the dams and reservoirs.

Each region, each province, each area has its character, its history, its music, its people, its vocation. Each is a world waiting to be discovered.

THE CENTRAL REGION

In Argentina there is a region where most of the cultural legacy and architectural monuments lie, where the greater part of the population participates actively in business and debate. In the Central Region can be found the two most highly populated urban areas of Argentina: Buenos Aires and Córdoba, both boasting over four centuries of history. In addition, the region also offers stories, natural riches and little known landscapes that deserve to be discovered.

CITY OF BUENOS AIRES

The City of Buenos Aires, the Capital of Argentina, is one of the largest in the world. It is located on the right margin of the River Plate, the widest in the world, discovered by the European conquistadors at the beginning of the sixteenth century. The city was first founded in 1536, but the second and definitive foundation by Juan de Garay took place in 1580. During its first two centuries of history, Buenos Aires, a city without an indigenous heritage, was a humble settlement of adobe houses, lost in the immensity of South America. In 1776, Carlos III, king of Spain, created the Vice Royalty of the Río de la Plata, making the small village its capital, and a new history began: as a port that linked Atlantic South America to Europe, the city grew in geopolitical, economic and cultural importance. Its historic square, the present Plaza de Mayo, was the scenario of the beginning of the Argentine revolution for independence in 1810. Its Cathedral, the Cabildo —the old seat of municipal government in colonial times— and the churches of San Ignacio, San Francisco, Santo Domingo and La Merced —all of them Baroque, dating from the first half of the eighteenth century— are the oldest and most memorable vestiges of the original city and are all located near the Plaza de Mayo.

The old city limits lay one and a quarter miles along the river and had a depth of less than three quarters of a mile, and it took two and a half centuries to become populated; today, Buenos Aires, its suburbs and satellite cities cover an area over thirty-one by thirty-one miles, which will soon reach a population of fifteen million inhabitants. Magnitude brings about statistics, but numbers are cold; instead, Buenos Aires is a living, manifold, astonishing, exciting reality. Buenos Aires has a thousand overlapping, intertwined histories. There is a manifest Buenos Aires and another that exists in the collective memory, in the feelings, in the poems of Jorge Luis Borges, in the novels of Eduardo Mallea, in the verses of Evaristo Carriego, in the tangos and *milongas* through which the soul of a sleepless city seeps out.

Buenos Aires is a city full of contrasts and unexpected enclaves: there are picturesque neighborhoods like San Telmo, where, on Sundays, the antiques fair of Plaza Dorrego gathers a crowd that mixes *lunfardo*, the local patois, with all the languages of the tourists; or like La Boca, which still maintains the image it was given by its first inhabitants, Genoese immigrants, port workers that can now only be seen in the paintings of Quinquela Martín.

Avenida de Mayo, a boulevard, takes us straight from Plaza de Mayo to the Palace of Congress, with its majestic green cupola. Intersecting Avenida de Mayo, Avenida 9 de Julio slices the city from north to south, punctuated only by the Obelisk, at its intersection with Avenida Corrientes, a main street full of people, cinemas, official and underground theaters, cafés, and bookstores where you can find new and second-hand books.

North of the Plaza de Mayo, the financial City overflows with people during the week and becomes a ghost city on Sunday mornings, when the great buildings of the banks sleep in solitude.

On Sundays, people can be found in Palermo, a gigantic public park created by Sarmiento in 1873, which today includes the Rosedal (Rose Garden), the Planetarium and the Botanical and Zoological Gardens; or in the area of Recoleta, where the cafés brim with people, and there are musicians, jugglers, street vendors, artists, living statues and a fantastic variety of spectacles, art exhibits and concerts everywhere; just an atrium separates all these from the Iglesia del Pilar (Church of the Pillar), and a wall and a portico, from the labyrinths of the monumental Cemetery where the remains of heroes, poets and benefactors lie among sculptures by the greatest artists of the country and as many from abroad.

Buenos Aires boasts magnificent sculptures, such as the statue of Sarmiento, by Rodin; the statue of General Alvear, by Bourdelle; the statue of Mitre, by Rubino; and the statue of Mazzini, by Monteverde; and hundreds of remarkable buildings, each of which has its own history: the Casa Rosada (Pink House), the seat of the Presidency; the Colegio Nacional de Buenos Aires, the most traditional institution of public education; the Kavanagh building, across from Plaza San Martín, the most imposing and fantastic art deco skyscraper; the Fine Arts and the Decorative Arts Museums, in Palermo; the National Historical Museum, in Parque Lezama; the Sarmiento Museum, in Belgrano; the Natural Science Museum, in Parque Centenario; the Russian Orthodox, Swedish and Methodist churches; the Anglican and Ukrainian cathedrals, the Church of Saint Gregory the Illuminator, the Synagogue on Plaza Lavalle. Also across this square are the Cervantes Theater, the Palace of Justice, Escuela Presidente Roca and the Colón Theater, the great lyrical theater of the city, reputed to be the opera house with the best acoustics in the world. At its inauguration, in 1908, it offered a performance of *Aída*, by Verdi. Titta Ruffo, Caruso, Gigli, Pavarotti and all the main figures of universal music have sung there.

Among the thousand Buenos Aires is the city of elegant shops on Florida street, of the Galerías Pacífico, of Patio Bullrich, of Avenida Santa Fe, of Arenales street, of Avenida Alvear. It is there, too, that we can find the image of the French Buenos Aires of 1910, when it was called "the South American Paris". It is a very different Buenos Aires from that of the middle class neighborhoods such as Flores, Caballito, Villa del Parque, or Villa Devoto, or that of the older, more modest neighborhoods, such as Barracas, the old Palermo or Soldati, the latter guarding the memory of tango, of Carlos Gardel and of the "orquestas típicas" (tango orchestras), a few old neighborhood cafés, a history of rough slum types, tenement houses, guitars, violins and bandoneons from the outskirts of town.

The recycling of the old Puerto Madero, so typical of the industrial revolution, has given Buenos Aires a new neighborhood: port docks and warehouses, cranes, cereals and railroad cars, have been replaced by new offices, restaurants, yuppies and computer networks.

Buenos Aires, however, reaches far beyond its political perimeter. To the north, Olivos, Martínez and above all San Isidro, with its old town, dating from the nineteenth century, and its historical country homes, are some of the local names of an extensive aristocratic suburban growth that has spread in the last decade, by means of country clubs and enclosed neighborhoods, to the old village of Pilar and even farther.

A similar phenomenon has extended Buenos Aires towards the west and south. Even so, the city has not lost its character in spite of the geographic explosion of the 1990s; on the contrary, it still offers the fragile lavender blue flowers of the jacarandas every first week of November, and the picturesque blooms and pods of the *palos borrachos*; the pigeons and sparrows still fly from one tree to another. Popular sports like soccer are still very much alive, and the tango continues to be danced with renewed passion. The squares are not deserted: they show the vitality of a young, sleepless society, always full of life. In order to see Buenos Aires it is not enough to walk along its streets; it is necessary to visit the Tortoni Café on a Saturday night; to go to Recoleta on a Sunday afternoon; to go to the Colón Theater, or, even better yet, to live the city intensely and really discover it in its thousand facets.

PROVINCE OF BUENOS AIRES

The city of Buenos Aires was also the capital of the Province, but it is no longer so. In 1880 the city was federalized to resolve an old institutional conflict, and the Province had to undertake the foundation of a new capital. Today the Capital of the Province of Buenos Aires is La Plata, founded by Dardo Rocha in 1882. Its name was suggested by poet José Hernández and its design belongs to architect Pedro Benoit. A new city, a model of urbanity and hygiene in its time, a garden city with a square or a park every six blocks, streets lined with a great variety of different trees —one for each street— and an enormous public park, Paseo del Bosque, La Plata was the utmost urban expression of the positivist generation of the 1880s. Seven years after its foundation it was a vigorous city, and its model was exhibited at the World Fair in Paris, where Jules Verne had a chance to see it. That same year, Cuban poet José Martí lavished formidable praise on it. La Plata boasts one of the most important public universities in the country; the Argentino Theater is one of the most important opera houses in Argentina; and the massive public buildings erected during its fist years of life form a notable monumental axis. La Plata has a history peopled by poets, scientists, teachers; it has boulevards, diagonals, beautiful homes, monuments. Its three landmarks, however, are Dr. Curutchet's house, designed by architect Le Corbusier in 1949, the Cathedral, and the Natural Science Museum. The Cathedral is Neo Gothic and was also designed by Pedro Benoit. Its spires are 394 feet high, and it is a fantastic recreation of medieval French architecture. The Natural Science Museum is one of the best in the world in its subject: it houses four million artifacts and maintains a scientific and didactic vitality that never ceases to astonish visitors.

Between La Plata and Buenos Aires there is a highway that runs through Pereyra Iraola Park, of old the land that surrounded an aristocratic estancia, now turned into a natural preserve within which the Breeding Station for Wild Animals (ECAS) operates.

The Province of Buenos Aires is very extensive and presents very distinct areas. North of the city of Buenos Aires is the Delta of the Paraná River, a vast and still largely natural region. In the sixteenth century, the conquistadors' vessels sailed inland along its labyrinthine rivers, while the natives spied them from among the luxurious vegetation of the islands. During the nineteenth century, the Delta flourished, promoted by Sarmiento, who built a wooden house, still standing, on one of islands, and by Marcos Sastre, who wrote a book about its flora, its fauna and its landscapes. The Delta became an area of orchards, recreation and tourism. The city of Tigre, with its casino and its elegant hotel —both of them gone— its restful country homes and its aristocratic rowing clubs, was one of the special places of the belle époque. Even in 1938 poet Leopoldo Lugones chose the inn "El Tropezón" to take his own life. Nowadays, catamarans and launches carry tourists back and forth and people go rowing, go for a spin in their yachts or practice nautical sports.

Martín García Island, on the River Plate, is not part of the Delta: its soil is rocky. Sparsely inhabited and only a few minutes from Buenos Aires, it is a tempting option for mini-touring. It has an old historical tradition, beautiful landscapes, huge, colorful butterflies, bashful deer, a ghost town, an old lighthouse, a forgotten cemetery and thirty stories that increase the atmosphere of mystery. Rubén Darío wrote his *Marcha Triunfal* there.

To the south of the city of Buenos Aires, the coast of the River Plate becomes the Atlantic coast past Samborombón Bay, in the area of Tuyú. Two hundred and fifty miles from the city of Buenos Aires, Mar del Plata is the great seaside resort of the province. The metropolis, first important tourist enclave on that coast, has a serpentine beach across from which rise the monumental buildings of the Provincial Hotel and the Casino, designed by Alejandro Bustillo. Neighborhoods such as La Loma constituted, eighty years ago, a landscape of picturesque chalets, mainly British. Remaining from that time are the house of the Ortiz Basualdos, today the City Museum, the summer home of Victoria Ocampo, now a cultural center, and a handful of other houses, most of them refurbished. Mar del Plata has a scenic fishing port, fine sandy beaches and temperate water, bustling streets and stores and some typical *alfajores* (a type of pastry), as famous all over the country as the postcards of the city.

North of Mar del Plata, the province offers a large number of seaside resorts: Villa Gesell, Cariló, Ostende, Pinamar, Santa Teresita, and San Clemente del Tuyú, where, besides the beaches, you can find the Argentine version of Sea World, with its dolphins, orcas and sea lions. South of Mar del Plata there are also some seaside resorts, such as Miramar and Necochea.

West of Necochea, on the Atlantic, is Bahía Blanca, the largest city of the south of the province. A port of great economic relevance and an important city from the point of view of its university and its cultural life, Bahía Blanca is very close to Puerto Belgrano, the great Argentine naval base, designed by Italian engineer Luigi Luiggi in the nineteenth century, once the most modern in South America.

However, the province of Buenos Aires is not just an arc of Atlantic coastline but an immense, fertile plain which, throughout the nineteenth century, was parceled and occupied as the frontier advanced against the few indigenous groups that lived in it in isolated camps and roamed freely about it. Thus, the history of the province can be drawn on a map: there are a series of towns —cities today— that already surrounded the city of Buenos Aires in colonial times, cities in which the memory of the heroic times of the countryside is preserved: San Nicolás, San Pedro, San Fernando, Arrecifes, San Antonio de Areco, Capilla del Señor, Luján, Pilar, Morón, San Vicente. There is another similar line of cities that were once forts and bunkers, the frontier of the old estancias: Rojas, Salto, Carmen de Areco, Mercedes, Navarro, Lobos, San Miguel del Monte, General Paz (Ranchos) and Chascomús. In 1877, Minister Alsina pushed the frontier to the west and south, to Trenque Lauquen, Guaminí, Carhué and Puán, thus integrating a huge rural area with great estancias such as those of Junín, Bragado, 25 de Mayo and Las Flores, an area that extended south of the Salado River —the river immortalized by Vicente Barbieri— to Castelli and Dolores, Maipú and Rauch, also stretching to the west, to Pehuajó, Bolívar, Olavarría, Azul, Tandil and Balcarce. All of these are typical pampas cities, though each of them has its own personality, and many of them have their particular history or present a special landscape. In their midst is the countryside, "*el campo*", with its cultivated fields stretching towards the horizon, with lines of euca-lyptus planted against the wind, beef cattle grazing in the immensity, a general store here and there, and small groves around the main houses of the estancias, many of them true palaces that remind us of an aristocratic past: "I have heard since childhood, in the tides of Argentine alfalfa and wheat, a rumor of French verses", wrote Victoria Ocampo.

The immigrants who settled the agricultural colony of Pigüé were French, though their background was less aristocratic. Settlers from the most diverse nationalities peopled the countryside of the province, like the German Stroeder, who founded Salliqueló, the Dutch of Chacabuco, the Jews of Colonia Mauricio, the "Volga Germans" of Hinojo, the Irish of Areco, the Danes of Tandil. Sarmiento said he wanted to make one hundred colonies like Chivilcoy, the model agricultural colony he had promoted.

Besides wheat and alfalfa, the pampas have a folklore of corn, sunflower and potatoes, enormous ombus with *gauchos* drinking mate and singing accompanied by their guitars, horses with their trappings decorated with silver, beautiful young bulls and milking cows, lakes, reeds, ducks and a wide sky with a thousand night stars. The tradition and legends of the field hands of the province of Buenos Aires are as alive as the characters of *Martín Fierro* in places like Luján, the home of the historical Neo Gothic Cathedral, the greatest church in the country devoted to the Virgin Mary; in San Antonio de Areco —home of *Don Segundo Sombra* and of Güiraldes, with his Gaucho Museum; and in Capilla del Señor. In Los Talas, near Luján, or in the dozens of estancias now open to tourism, the agricultural and social history of the pampas becomes evident. They constitute a green horizon, scarcely interrupted by the small ranges of Tandil, Sierra de los Padres or Sierra de la Ventana, and spotted by lakes like Chascomús or Monte.

CÓRDOBA

Manuel Mujica Lainez's house in Cruz Chica is called "El Paraíso" (Paradise); the writer probably imagined that the place mentioned by Scripture was in Córdoba. In any case, the province seems to have gathered merits to justify this claim. The views from the sierras, the streams, the southern fields, the colonial legacy, the climate, all contribute to make Córdoba a special world.

The City of Córdoba, the capital, boasts the oldest university in the country, the most notable Cathedral of colonial times and the Observatory from which Benjamín Gould was able to discover all the stars of the southern skies. The Church of the Company of Jesus, the Colegio de Monserrat, the Cabildo, Sobremonte Museum and a priceless group of churches from the 1700s keep alive the image of a powerful vice royal town. The University, the "Casa de Trejo" as it is called, justifies Córdoba's sobriquet, "La Docta" (the learned one). During the centuries that followed the city increased its cultural importance with the advent of the Science Academy, the Rivera Indarte Theater, and a number of schools: Carbó, Alberdi, Olmos. La Cañada (the Ravine) became an unforgettable promenade and neighborhoods like Alta Córdoba and Cerro de las Rosas sprang up. Córdoba is the second city in the country in size and vigor, and the first from the point of view of its historical legacy from vice royal times.

To the southwest, in the *paravachasca* region, is the ancient Jesuit estancia of Alta Gracia, at present a city. Still standing are the church, the lumberyard, the dam (El Tajamar) and the memories. With the years the town grew, and with the advent of the railroad the aristocrats came to rest at the Sierras Hotel. They were looking for health and peace in the midst of the sierras climate and landscape, which were also preferred by Manuel de Falla, who imagined he saw the city of Granada from the hill of the Alhambra as he stayed at the chalet of Gallardo, today a Museum.

An area of Comechingones and missionaries, of mountain side roads and crystalline water, not far from the city of Córdoba, Traslasierra, the Valley of Punilla, the Valley of Calamuchita, Cosquín —with its annual folklore music festival, La Cumbre and La Falda —with their German-style homes and their postcard landscapes, form a regional grouping full of choices for tourism, sports, adventure, rest and the physical enjoyment of nature.

Villa General Belgrano —so full of ideas, with its Vienna pastry festival, its beer festival, its chocolate festival; Villa Carlos Paz —with its air lift and its great cuckoo clock in the midst of the tourist center; Dique Los Molinos, Dique San Roque —reminiscent of the legendary reservoir built by engineer Cassafouth and businessman Bialet Massé; Río Primero —which never forgets its traditional name, "el Suquía"— and many others constitute the wealth of the area. There is still one more special offering, ancient and renewed: the Camino de las Estancias (Road of the Estancias), the series of Jesuit rural enterprises of the 1700s, which have been declared World Heritage.

Córdoba is unique and diverse. The poems of Leopoldo Lugones describe the province of his childhood; Arturo Capdevila sang to his *Córdoba Azul* in moving verses; Jorge Vocos Lescano wrote his *Canciones de Río Ceballos*; there is a Córdoba in people's memory and another in its landscape. Or perhaps there are several Córdobas: San Francisco constitutes another image of the province, with tractors, sowed fields, silos filled with grain and persistent reminders of Italian immigration. In Colonia Caroya the day of the festival of the harvest is still celebrated by laying an enormous table along the main street, thus keeping the Friulian tradition alive. At Bell Ville, Villa María, Río Cuarto, Laboulaye, we find the image of the rural southern Córdoba. On the other hand, at Jesús María, Ascochinga, Villa del Totoral, Tulumba, there is another Córdoba, crowned by Mount Uritorco (6,397 feet), near Capilla del Monte, a Córdoba that soars to the skies just as that of the sierras range of Los Gigantes (7,789 feet), near Tanti, north of the Pampa de Achala.

Even more of the thousand expressions of the province of Córdoba, the geographical center of the country, can be found at the Archeological Museum of Ambato, which preserves pottery belonging to the culture of La Aguada; in the humble and moving Chapel of Candonga; in the Museum of Viceroy Liniers in Alta Gracia; at the Avenida Olmos in the city of Córdoba; in the striking urban fantasies of architect Roca or in the mythical Hotel Edén in La Falda.

THE NORTHWEST REGION

The northwest region preserves most of the ancient traditions of the country. Based on an indigenous heritage linked to the Inca empire, and a colonial legacy related to the richest area of the Spanish colonial empire in South America, the northern provinces developed a strong identity, combining human endeavor with nature in infrequent harmony. Little towns like Iruya do not seem the work of man but the natural product of the landscape. In Tucumán, in Catamarca, in Jujuy, the birds with their songs and the folklore singers with the strumming of their guitars and their poems seem to sing in unison. The northwest touches the visitor with the beauty of its scenery and the nostalgia evident in its music.

TUCUMÁN

Tucumán is a province of ancient tradition and notable scenery, which has earned it the name of "El Jardín de la República" (the garden of the republic). When the Spanish conquistadors arrived, the area was populated by Lules and Calchaquis. One hundred and thirty pre-Columbian monoliths have been preserved at Los Menhires Park. The city of Tucumán was founded in 1565 and moved to its present location 120 years later. During colonial times it was one of the most important centers, and its industry was born then. The best horse wagons were manufactured in Tucumán. The Simoca Fair —portrayed in the paintings of Gramajo Gutiérrez— continues an ancestral popular tradition. In addition, Tucumán was always instrumental in the fate of the country. In one of its homes, today a museum, Argentina's Independence was proclaimed on July 9th, 1816. Great thinkers and statesmen the new nation were born in Tucumán: Bernardo de Monteagudo, Juan Bautista Alberdi, Nicolás Avellaneda, Julio A. Roca. The University of Tucumán is one of the main centers of Argentine thought.

With the advent of the railroad came the immigrants. French architect Clodomiro Hileret decided to stay and founded a sugar mill, thus renewing the productive tradition of Bishop Colombres. Tucumán's sugar is as sweet as the poetry of Jaimes Freyre or the music of Orce Remis. A province with a small area and a great spirit, it offers the sierras of the Aconquija to the west and the plains to the east, crossed by the Salí River. In Tafí del Valle, in Villa Nougués, in San Javier, in El Cadillal reservoir, in San Pedro de Colalao, Tucumán smiles to tourists and lavishes its beauties and its warm climate on them. Its musicians and poets claim that the women from Tucumán are like "orange blossoms" and that even the "moon of Tucumán" is different when seen from the fields of Acheral.

SALTA

They say that Hernando de Lerma founded the city of Salta at its present location because he was moved by the beauty of the scenery before his eyes. The diaphanous air, the green hills and the deep, starry nights must have been as beautiful in 1582 as they are today. It is perhaps due to this fact that Salta is a land of poets and musicians like the Dávalos family, who get renewed with each generation. Jaime Dávalos, Artidorio Cresseri, Gustavo Leguizamón, Manuel Castilla and Los Chalchaleros have raised the *zamba salteña* to the rank of national, universal music, making some *zambas* immortal, like *La Candelaria*, where "the moon cries the death of the sun with silver slivers", or *Quebrada de San Lorenzo*, where "the song of the *chalchalero* moistens the air of the siesta", or *La López Pereyra*, or *Balderrama*, from which "the night goes out singing", or *Eulogia Tapia*, "who lends her tenderness to the air."

Salta is a crescent moon cut in half: to the east lie plains and forests, to the west the pre-Andean region and the Puna. The city of Salta is situated in a privileged spot. On top of his monument, Martín Miguel de Güemes rides as in the days of Independence, defending the young nation. In the city, tradition is history, present and future.

There is a lot to see in Salta. Southwest of the capital, the Calchaqui Valleys constitute a descending string of villages that goes from 9,842 feet at La Poma to 5,250 feet at Cafayate. Chicoana, Payogasta, Cachi, Molinos, Angastaco, are old villages suspended in time and space, places where the process of interbreeding between the European conquest and the pre-Columbian legacy of the Inca empire can easily be appreciated. At the end of the itinerary it is customary to toast with wine from Cafayate or Colomé, the highest vineyards in the world. Also south of the capital of Salta, the Valley of Lerma is a vast basin between mountains that retains the echo of centuries, of the indigenous cultures, of the conquistadors, of the armies of Independence and of the Gaucho War, as well as the voices of tourists. The reservoir of Cabra Corral creates a new landscape in the midst of the natural scenery.

Towards the northwest of the capital, along the Toro River Gorge, travelers reach Santa Rosa de Tastil, on the "Road of the Inca", whose Archaeological Park, which covers almost 30 acres of land, is a testimonial to the important pre-Hispanic presence. From there travelers can continue to San Antonio de los Cobres. Chile can be reached along National Route 51, but the most fantastic route is that taken by the Tren de las Nubes, the Train to the Clouds, which runs 135 miles across ancient Andean villages, archaeological digs, bridges, tunnels and elevated viaducts that rise to 206 feet from the ground at an altitude of almost 13,800 feet above sea level. It is a fascinating way to get acquainted with the largest cordillera on the planet, and to reach the area of Socompa Volcano (20,672 feet) and of Mount Llullaillaco (22,109 feet).

To the northeast of the province, fertilized by the Bermejo River, there is a tropical region with exuberant vegetation that can also be found in Orán and in Baritú National Park, almost inaccessible, where arborescent ferns, jungle flora, *yaguaretés* (a type of jaguar) and *caí* monkeys are in charge of the scene.

In Salta there are agricultural and cattle-raising centers like Metán; ancient chapels like that of Iruya, which dominates a valley in the midst of imposing scenery; crafts made of holy wood and balsa wood like those of Tartagal; ancestral clay pottery and textiles of pre-Columbian tradition; and lianas, lichens, walnuts, pumas, coatis, tapirs, condors and eagles as in El Rey National Park. Salta is a physical representation of nature and history.

JUJUY

Jujuy "is a strong land where the wind spreads out", writes poet Jorge Calvetti. In the south of the province, the capital, San Salvador de Jujuy, combines colonial tradition, modernity and mountain scenery. In the colonial Cathedral, the pulpit is the product of indigenous work and sensibility. North of the capital lies Humahuaca Gorge, the most striking of Jujuy's attributes, which combine nature and history. Among the mountains and along the rivers, among the chirping of birds, ancient, magical towns like Tumbaya, Purmamarca —with its spectacular seven-colored mount, Tilcara —with its pre-Columbian Pucará occupying 37 acres, Huacalera —crossed by the Tropic of Capricorn, and Uquía follow each other like pearls on a string. Each town is a testimonial of the seventeenth century, when, in this remote end of the Spanish Empire, conquistadors and natives unknowingly created a new, interbred culture whose architectural image is those modest chapels —national historical monuments— made of stone and adobe, with thatched roofs, evoking remote memories of the Renaissance and Baroque cultures and the living presence of the Inca *pircas* (stone walls). In the city of Humahuaca is the Northern Carnival Museum. All through the Gorge the echoes of the *carnavalitos* can be heard. Towards the northwest, Abra Pampa is the capital of the Puna, an immense plateau 9,843 feet high, with a cold, dry climate, a sort of "Argentine Siberia". According to popular belief, Coquena, the guardian of the vicuñas, the smallest of the American Camelidae, roams the plateau. Casabindo and Cochinoca, ancient mining towns of the Puna, conjure images of indigenous pottery, of an iconography of harquebusier angels, of solitude and immensity. At the northern end of the province, almost on the limit with Bolivia, is La Quiaca, and close by, the town of Yavi, with its ancient colonial church.

Jujuy has a landscape of hills, ceibo trees, gorges, streams, rocks, valleys, *coyuyos* (large cicadas), blackbirds, wine, guitars, horses, large earthen jars, minstrels, *erkes* and *quenas* (musical instruments), *misachico* processions, *cacharpaya* festivals, *carnavalitos*, Puna winds and the songs of birds in the orchards around country homes. It also has hot springs such as those of Reyes and Aguas Calientes, mackerels as those in the lakes of Yala and a white sea at the Salinas Grandes, the salt mines 12,140 feet above sea level.

CATAMARCA

A well known *zamba* describes the scenery of Catamarca thus: One small village here, another one over there, and a long road that goes down and disappears. Seventy percent of the province is mountainous, but its total geography is a succession of contrasts: to the west and north, mountains, gorges and valleys rise at the Cordillera of the Andes; to the south, a deep green on famous slopes like el Totoral and el Portezuelo. A the foothill, the capital, San Fernando del Valle de Catamarca, with its Cathedral Basilica, designed by Caravati in 1859; and within the Cathedral, the Virgin of the Valley, crowned with 104 diamonds. In Catamarca the tradition of hand weaving with sheep, alpaca, llama or vicuña wool is very much alive. It is not a coincidence that the National Poncho Festival is celebrated there. The most curious crafts, though, are those made of rhodochrosite, a unique semi-precious stone, found only in Andalgalá, from where snowcapped Mt. Aconquija can be seen, or those of red onyx from Antofagasta, a city framed by natural rock walls about 328 feet high.

Catamarca has a notable mineral wealth in Farallón Negro, Capillitas, Aguas de Dionisio: gold, silver, copper, tin. It has hot springs at La Ciénaga, sports fishing of mackerel at Ancasti, archaeological digs at Tinogasta, historical monuments such as the birthplace and home of Fray Mamerto Esquiú in San José. Catamarca has a domestic, intimate tradition, houses with galleries, wells, rose bushes, bird cages, hammocks and geraniums, like the houses of Pomán, described in the *zamba Del tiempo i'mama*. Carlos Villafuerte has written moving pages reminiscing about the imposing presence of the Sierra del Ambato, the postcard view from the window of his classroom.

SANTIAGO DEL ESTERO

"Chakay manta" is a Quechuan expression meaning "from over there, where I'm from", used by the people from Santiago del Estero as in the words of a *chacarera* by Hermanos Ábalos. Santiago del Estero is a plain province, irrigated by marshes, with a tropical climate, temperate even in winter. It is partly a transition between the northwest of the country and the Chaco region, which becomes evident at Añatuya, as you see the marshes, or venturing into the woods that form "El país de la selva" (the Land of the Forest), evoked by Ricardo Rojas. To a great extent it is an agricultural province, but it also has very special attractions, such as the hot springs at Termas de Río Hondo, a center of winter tourism, where you can bathe in "sun waters". Fishing and nautical sports are practiced on the huge surface of the Embalse (reservoir).

The capital, Santiago del Estero, was founded in 1533; among its treasures are relics of Saint Francis Solanus, who preached there. From that point on the roads of the Spanish conquest branched off to the south, east and west in the sixteenth century. However, the mixed popular traditions that were born then are still alive in the festivity of the Telesita, in the processions of Our Lord of Miracles, in Mailín —where the Quechua and Spanish languages interweave— and in Sumampa, where Our Lady of Consolation is worshipped. Close by, in Para Yaco, ancient petroglyphs can be found.

In 1867, Varela and the people of Santiago triumphed at the battle of Pozo de Vargas (province of La Rioja). An old *zamba* of anonymous authorship immortalizes the fact. Andrés Chazarreta, who listened to his elders singing it as a child, rescued it from oblivion. Since then it has been sung all over the country, just as the *chacareras* from Santiago, songs that have been lending intimate, joyful folk tones to tradition for over one hundred and fifty years.

THE NORTHEAST REGION AND MESOPOTAMIA

This Argentine region is part of a larger region that extends over Uruguay, Brazil and Paraguay, an immense fertile basin irrigated by two imposing rivers: the Paraná River and the Uruguay River. As they join, the Paraná River contributes 80% of the volume of water of the River Plate Basin, and the Uruguay another 20%. The geology and topography of the area, its ethnography and history, its economy and scenery, all have a fluvial origin and destination. The rivers created the territory and traced the paths along which, thousands of years ago, the ancient indigenous tribes descended downstream towards the south. Along these same routes, in the sixteenth century, the Spanish conquistadors sailed upstream, towards the north, looking for metallic riches they never found; and along those same itineraries economists and planners today dream of a 2,150-mile Waterway that will speed up fluvial transport and increase the prosperity of four nations.

The western axis of Mesopotamia is the Paraná River, the *sea's kin*, in Guarani language. It runs 2,812 miles from the Brazilian forests until it empties into the River Plate, through which its muddy waters reach the Atlantic; its basin, which spreads over several countries, is as vast as the total area of Argentina and its waters are populated not only by vessels but also by dorado, catfish, mackerel and other no less famous and sought-after species.

On the eastern side of Mesopotamia, almost parallel to the Paraná, the clear waters of the Uruguay River, 1,119 miles long, descend from the sierras of Brazil. *Río de los pájaros (the river of birds),* in Guarani language, the Uruguay is very different from the Paraná; it was occupied by the European settlers in earlier times, and its relationship with the historical shaping of Argentina is vital.

The north of Mesopotamia was the habitat of one of the two large Neolithic indigenous groups of the country: the Guaranis, whose legendary figure has formed part of the European image of the conquest of America since the sixteenth century. It was with the Guaranis of the region of the Guayrá that the missionaries of the Company of Jesus founded that mythical theocratic empire of the seventeenth century known as the Jesuit Missions, now part of the World Heritage. As the Jesuits were expelled by Carlos III, King of Spain, in 1767, the missions crumbled. In the first half of the nineteenth century, there was a brief War of Independence in these regions; in the second half, as the country opened its gates to immigration, a crowd of agricultural settlers arrived from all parts of Europe: Italy, Switzerland, France, Russia, Poland, Hungary. Mesopotamia mixed the rumor of its rivers and the songs of its birds with words in Guarani, in Spanish, in Piedmontese, in Friulian , and in patois.

ENTRE RÍOS

A cool watery embrace names her forever… ¡Entre Ríos!, branches of water… wrote the poet Carlos Mastronardi in a *zamba.* The province of Entre Ríos has a natural and human scenery unique in Argentina. In the era of Romanticism, Giuseppe Garibaldi, the romantic hero of Italian unity, spent some time in Entre Ríos. Halfway through the nineteenth century, Justo José de Urquiza, the most famous governor of Entre Ríos, attracted exiled French intellectuals and with

their help founded the Colegio de Concepción del Uruguay, one of the breeding grounds of Argentine enlightenment. Near Concepción, Urquiza built his Palacio San José (now a museum and historical monument) and his model estancia, Santa Cándida, a pioneer in the introduction of the industrial revolution in the country. To the north, along the Uruguay River, was the Liebig meat extract factory, today a ghost town. The area is crowded with historical memories —an old mill, the ruins of a phalanstery— but it also preserves strikingly beautiful landscapes, such as the Palmar de Colón, an extensive reserve of *yatay* palm tress, an autochthonous species of great beauty.

The Uruguay River has a rocky bed, and it is not totally navigable. A large reservoir, which is shared by Argentina and Uruguay, has been built at the old Salto Grande. Located near Salto and Concordia, it is an attractive area for tourism —Sarmiento dreamed about it in the nineteenth century— even more so today due to its hot springs.

Between the areas of the Uruguay and the Paraná rivers, Entre Ríos treasures another story, the miracle of immigration: its fields were cultivated by the "Volga Germans", the Piedmontese, the Jewish gauchos, "the blond men of the furrows", as they were called. Poet Alberto Gerchunoff claimed towards 1910 that the *Canticle of Canticles* bore the lyrics of the Argentine National Anthem. At Urdinarrain, Basavilbaso, Villaguay and so many other settlements there remains the memory of the epic of immigration; the soil of Entre Ríos is inhabited by people from all parts of the world; *thus your children will be the sum of human love,* augurs the *Canto a Entre Ríos.* That legacy is visible in the magnificent Museum of Colonia San José, which is backed by the Smithsonian Institution in Washington.

To the west, the Paraná River borders with the agricultural hinterland of the hills of Entre Ríos; the production of the province —rice, oranges— circulates along its waters. An underground tunnel crosses the Paraná River between the cities of Paraná and Santa Fe; to the south, the Zárate Brazo Largo bridge links Entre Ríos to Buenos Aires. Still, Entre Ríos is almost an immense island, with its landscapes and customs, festive at the Gualeguaychú Mardi Gras, intimate in Larroque and musical with the sound of the *chamarrita*.

CORRIENTES

The province of Corrientes is just as musical, or even more so, with its *chamamé*, an expression of joy springing from song and the notes of the accordion. On the steep banks of the Paraná, in the northeast of the province, the city of Corrientes combines folk music with the colonial legacy. Its riverside promenade, its churches and its schools characterize a singular urban landscape found in an exceptional location. The Paraná River in the area of Corrientes is something very special: there is an abundance of dorado and fresh water catfish, and sports fishing has acquired international significance, to the point that there are charters booked from Europe just to come and enjoy the magic of the Paraná. To the north, along the river, you can reach Paso de la Patria and even farther: San Cosme and, above all, Itatí, where the Virgin is worshipped with devotion. To the south, Empedrado —with its beach resorts, Saladas —with its characteristic abodes, Bella Vista, and especially Goya, are typical samples of a province with a rich history and experience.

Like Entre Ríos, Corrientes has three very distinct areas: the area of the Paraná River, the area of the Uruguay River —where the ruins of the birthplace of Libertador José de San Martín can be found in Yapeyú, and where maté is cultivated and industrialized— and the agricultural hinterland, with cities like Curuzú Cuatiá and Mercedes, where, besides the cultivations, capybara leathers have acquired a legendary prestige.

To the north of the province, between both rivers, there is a huge, characteristic region: the swamplands of Iberá, an extension of 50 by 125 miles where water, fauna and flora combine with the sky to offer the magnificent spectacle of nature, the natural habitat of the *chajá* or crested screamer, of herons and swamp deer. As early as 1787 scientists explored this reserve that today tourists visit accompanied by naturalist guides. Is the Lake of Iberá as blue as the sky of Corrientes, as the *chamamé* claims? The people of Corrientes love their province and do not hide their feelings when they are away from it; they feel *"exiled in the world"*, like poet David Martínez.

MISIONES

To the north, along the High Paraná, you can get to the heart of the Misiones jungle, where exuberant vegetation grows on the moist, red soil. In this indigenous territory the Jesuits organized their Guarani missions, whose ruins —like that of San Ignacio Miní— constitute today one of the most significant historical monuments of South America and one of the best cultural documents of the Baroque. However, Misiones conceals other wonders: at Apóstoles, Oberá, Eldorado, Wanda, the great immigration of the nineteenth century also left its deep marks; besides the soft stones carved by the Guarani artisans guided by the Jesuits, it is possible to find in Misiones wooden houses made by the German settlers, as if the Black Forest and the jungle of Misiones were one continuous growth.

In Misiones, nature is prodigal in miracles: a good example of this are the Moconá Falls, an impressive string of waterfalls 16 to almost 40 feet high, that cut the Uruguay River at an angle along 1.87 miles, as if the river itself were sliding down.

Nevertheless, the greatest attraction in Misiones is Iguazú Falls. Shared with Brazil and Paraguay, they constitute one of the most striking spectacles of nature in the world. Those who visit them never forget the majesty of their falls, the Devil's Gorge, their sound and their mists. The Falls and the entire Iguazú National Park form an amazing group: butterflies, dragonflies, lizards, alligators, hummingbirds, parrots, toucans, magpies, vultures, herons, coatis, *caí* monkeys, squirrels, peccaries, tapirs, foxes, ferrets, *yaguaretés*, harpy eagles, lapachos, rosewoods, cedars, incenses, *guatambus*, *ybirápitás*, creepers, lianas, epiphytes, orchids, manioc plants, all represent nature in its full splendor.

FORMOSA

In one of his *zambas*, poet Jaime Dávalos, from Salta, has sung to the *jangadero* (raft driver), a human prototype that leads a rough life in the lumberyards downstream along the High Paraná, ancient woods that the white man started to explore a few centuries ago. West of the Paraná River these woods take the name of Gran Chaco region, within the Argentine northeast. It was not until the 1880s, after Benjamín Victorica's expedition, that these lands were really incorporated to Argentina's active life, but years before, explorers like Giovanni Peleschi had crossed the forests and woods and studied the Toba and Mataco natives. The city of Formosa, the young capital of the province, dates from 1879. The most notable features of Formosa are the turbulent waters of the Pilcomayo and Bermejo rivers, the piranhas, and the *irupé*, the royal water lily. Human history and immigration are recent: a historical monument such as the Franciscan mission of San Francisco de Laishi barely dates from 1901. Formosa is a land yet to be discovered.

CHACO

Something similar is the case with the province of Chaco: its capital, Resistencia, linked to Corrientes across the Paraná River by the General Belgrano Bridge, is a recent city that has received tradition, *chamamé* and immigrants as simultaneous novelties. Its wood carvings are spread over the city; the "Fogón de los Arrieros" (cattle drivers' fire) —its gathering place and museum— is well-known though very young; everything is new in Chaco, except the forest. Puerto Tirol, Qutilipi, Presidencia Roque Sáenz Peña are only isolated spots along a route that ventures into the immensity of El Impenetrable. To the north, Pampa del Indio, and to the south, Villa Ángela, have witnessed the colonizing efforts of Swiss, Bulgarian and Hungarian settlers. Chaco is a map with *quebracho* woods, white seas of cotton, forests and rivers.

SANTA FE

Down the Paraná River you reach the province of Santa Fe. The north of the province is very different from the south. The north shares with Chaco many of its characteristics as well as its stories. A key spot is Guillermina, in the area where the firm La Forestal conducted a large scale exploitation of tannin towards the end of the nineteenth century, increasing its production as well as arousing the censure of the emerging anarchist and socialist groups.

Santa Fe, like Corrientes, has a colonial past; some of the most ancient churches in Argentina are preserved in the historical part of town. Very near the main square, the church of San Francisco is one of the most striking historical monuments of the country. However, the present Santa Fe was not the primitive one: its original foundation took place in Cayastá.

South and west of the city of Santa Fe, the province forms part of the region of the so-called Pampa Gringa, where the peaceful "wheat revolution" took place after 1870, an important milestone in the history of Argentina's agricultural, productive and economic supremacy in the nineteenth century. Casilda, Cañada de Gómez, Rafaela, San José de la Esquina, Arequito, Venado Tuerto, Rufino and so many other towns keep these memories and maintain the activity of the fertile lands of Santa Fe. Machinery from those times when the land yielded its fruits thanks to the efforts and intelligence of the settlers is preserved at the Museum of Colonia Esperanza; their spirit is preserved in the poems of José Pedroni, who sang to hope from Esperanza.

To the south of the province, on the high banks of the Paraná River, lies the convent of San Carlos, in San Lorenzo, the scene of the first battle fought by San Martín. A little farther south is the city of Rosario, an industrial and cultural center that, for a long time, occupied the second place in importance and size in the country. The huge Monumento a la Bandera (Monument to the Flag) pays homage to Manuel Belgrano, the creator of the national flag, who raised it for the first time, not far from there, at the beginning of the nineteenth century. Besides the monument, Rosario offers other points of attraction, such as the churches, the Italianate style houses, the examples of art nouveau and art deco, the Independence Park. Rosario is a great city, an emporium, a whirlwind. Between Rosario and Iguazú Falls, between Concepción del Uruguay and the Chaco forest, the region of the great Argentine rivers is an amazing world due to its variety and its natural and cultural wealth.

THE REGION OF NUEVO CUYO

Cuyo is another characteristic region of Argentina. Located between the Cordillera and the pampas region, Cuyo is as much the work of nature as that of man. The highest peak of the western world —Mt. Aconcagua— is located there; there are magnificent vineyards and olive orchards, the fruit of labor, patience and hope. Cuyo boasts great centers of winter sports and a history interwoven with the national history.

LA RIOJA

On the steepest of crests, among the rocks, grows the most beautiful, the most ethereal and virginal of all flowers, the diminutive and white "flor del aire" (flower of air), as Joaquín V. González tells in *Mis montañas*. Most of the surface of La Rioja is covered by mountains, hills and natural woods. The region was part of the Inca empire; the ruins of the Tambería del Inca bear witness to this. In 1593, Saint Francis Solanus —the first South American saint— was able to attain peace among the natives and conquistadors. This achievement is commemorated yearly at the Fiesta del Tinkunako.

The capital of the province, the city of La Rioja, is located at the foot of the Sierra de Velasco. The Cathedral was designed by architect Juan B. Arnaldi. The native legacy is also intermixed with those of the conquistadors and of the immigrants in La Rioja; this interbreeding becomes evident in the popular festivities like that of the Chaya. To the south of the capital lies the territory that constituted the scenario of the ramblings of the caudillos of the federal party like Facundo, the "Tigre de los llanos" (the Tiger of the Plains), in the first half of the nineteenth century.

Second in importance in La Rioja is the city of Chilecito —birthplace of poet Arturo Marasso, whose name alludes to the profound links that exist between this region of long tradition and celebrated vineyards and the country on the other side of the Andes. Very close to the city is the

Samay Huasi country estate, today a museum administrated by the National University of La Plata. The estate is the retirement home of Joaquín V. González, built by him in his later years, after he had been several times a national minister, written important books and founded that University. North of Chilecito, the snowcapped peaks of Famatina attract tourism and remind us of their mining past. To the south, Nonogasta is an ancient Jesuit reduction where walnut trees grow today.

In the southeast of the province, the greatest attraction of La Rioja is Talampaya National Park, an immense rock sculpture carved by the wind, with huge walls of red rock, almost 492 feet high, and extraordinary rock formations of up to 165 feet, whimsically distributed by erosion along 1.87 miles of a ravine that, according to tradition, has seven echoes.

In the northeast of La Rioja, the Laguna Brava Provincial Reserve is very tempting for adventure tourism and an invitation to go looking for vicuñas, guanacos, red foxes, pink and white flamingoes at the far end of the Puna de Atacama. It is even possible to reach Mt. Bonete (22,175 feet) already in the Cordillera.

SAN JUAN

"With its vertiginous horse/ he comes from the dark mountains,/ galloping through the arum fields,/ skipping peaks and abysses"... It is the Zonda wind, essentially a wind from San Juan, as seen in the poem by Antonio de la Torre. San Juan is a lopsided triangle with one leg on the Cordillera and its vertex in the valley, "among streams, songs of birds and hillside towns, among dizzying labyrinths through which a frenzied zonda plucks the flowers from the night blooming cereuses, lights up the ravines in dread, uproots the proud trees and scatters the sonorous spring over the blinded horizon." In July and August the snow is a beautiful spectacle; later, with the thaw, a surge of crystalline water floods the deserts along the Jáchal and San Juan rivers, which irrigate the vineyards and olive orchards as if they were two giant toboggans. Juan Jufré founded the city of San Juan in 1562. This was the land of the Huarpes, who resisted the conquistadors of the sixteenth century. This was also the land of national heroes of the glorious times of the young republic: Laprida, Fray Justo Santa María de Oro, Aberastain, Salvador M. del Carril and Domingo Faustino Sarmiento were born here. The home where Sarmiento was born, his mother's loom and a shoot of the legendary fig tree are preserved as relics in San Juan, miraculously left intact by the earthquake that devastated the city in 1944.

East of the city of San Juan, the Ullum Gorge Reservoir irrigates 173,000 acres. In 1840, Sarmiento inscribed the phrase "Ideas cannot be killed" on a rock in the gorge. North of San Juan, Albardón is an area of therapeutic hypothermal waters. The Archaeological Museum preserves the mummy of Cerro Toro, the naturally frozen body of an Inca messenger found in 1964 at a height of 20,000 feet. The indigenous heritage is not totally defunct, and magical thinking merges with Christianity in the popular forms of devotion, as can be observed in the offerings to the Virgin of Pachaco or to Difunta Correa. In Jáchal, on the other hand, the church of San José, the ancient adobe houses, still standing, and the traditional crafts are less aboriginal and more representative of the mixed culture of the eighteenth and nineteenth centuries: blankets, ponchos and throws are still being woven on the Creole looms. Calingasta, in a valley at the foot of the Cordillera, is notable for its copper, apples and cider; at Los Cauquenes Reservoir and in Villa San

Agustín there is sports fishing of mackerel, nautical sports and water skiing.

San Juan also boasts amazing landscapes, like that of the Cuesta del Viento Reservoir, with its rocks carved by erosion, and of Hilario, where the geological formation known as El Alcázar is a veritable natural monument. The largest of these unusual and dazzling whims of nature is near Baldecitos: the Valley of the Moon, at present Ischigualasto Natural Park. The huge geological formations, the giant ferns, the petrified araucarias, the fossils, the footprints, talk about an imposing geology and forms of life extinguished about 225 million years. The paleontological dig, which has an area of 96 square miles, is one of the three most important in the world. Ischigualasto is one of the wonders of nature.

San Juan also conceals other wonders. Near Ischigualasto is Valle Fértil Natural Reserve, an area of wild-woods, giant cactuses and quebracho forests. Along the side of the road to Chile, 16,400 feet high, is a tide of small glaciers, like spires of ice, which tradition calls penitents because their silhouettes remind of those devoted characters.

In a very secluded spot, with snowcapped peaks 16,400 feet high, fertile plains and deserts at an altitude of 9,850 feet, and an area of 2,425,187 acres, the Preserve of the San Guillermo Biosphere offers one of the best climates in the world and a fascinating invitation to practice adventure tourism.

San Juan, the land of Sarmiento, of the Huarpes and of the Zonda wind, is also "the residence of the sun", claim the people from San Juan. This may be an exaggeration, but it is true that at El Leoncito the air is so diaphanous that two of the most important astronomical observatories in the country have been set up there.

MENDOZA

"Today, as my land dances, crowned with tendrils and vine leaves, I want to sing my fraternal song..." wrote Alfredo Bufano in his poem *On the Day of Harvesting the Fruits.* Mendoza is perhaps the richest oasis in the country; most of the province, a set of desert plateaus with steppe vegetation between the pre-cordillera and the cordillera which offers a natural show of snow in July and August, is at an altitude of over 3,200 feet. However, this natural territory has been transformed by will, courage and solidarity: Mendoza is the triumph of man over himself and the hostility of nature. It was in Mendoza that San Martín organized his Army of the Andes, which insured the freedom of the southern cone of South America; it was in Mendoza that its people dug the canals and irrigation ditches that transformed the desert into an oasis. Today Mendoza is one of the most important tourist centers of Argentina, with its winter sports and adventure tourism. In September, with the thaw, the rivers increase their volume; instead of letting their strength go to waste, strategically placed dams divert the excess water to the irrigation network so that it can fulfill its mission of watering the fruit and vegetable cultivations, the olive orchards and the vineyards. The stock introduced by don Tiburcio Benegas and other pioneers, added to the perseverance of many years, has made Mendoza the first wine producer of the country. Cabernet-Sauvignon, Merlot, Pinot Noir, Semillón, Chardonnay and, above all, Malbec are some of the nobility titles of Mendoza. The wineries show off their casks to the tourists and welcome them to their museums, their restaurants and their tasting rooms.

The dams (El Nihuil, El Carrizal, Valle Grande) provide hydroelectric energy and their reservoirs offer the possibility of nautical sports, another specialty of Mendoza, also typical of rivers such as the Atuel, a paradise of rafting, windsurf and kayaking.

Mendoza, the capital city, is itself an oasis. Founded in the sixteenth century and destroyed by an earthquake in 1861, it was reconstructed with a geometrical design: tens of miles of irrigation ditches, streets and wide avenues, with 70,000 trees and parks such as General San Martín Park, designed by Carlos Thays. The Festival of the Grape Harvest, which takes place at the Greek Amphitheater, has no equal. The Foundational Area Museum, the Museum of the Cuyan Past —House of Civit, the Colegio Nacional Agustín Álvarez —one of the first anti-quake buildings, the Monument to the Army of the Andes at Cerro de la Gloria, are many other attractions offered by the city of Mendoza. Very close by, Maipú —an area of wineries and museums, El Plumerillo —the campsite of San Martín's Army, Luján de Cuyo, the Church of the Carrodilla —patron of the vineyards, the Emiliano Guiñazú Provincial Fine Arts Museum —the home of painter Fernando Fader, Cipolletti Reservoir —which offers trout fishing, and Chacras de Coria —an ancestral hillside village, constitute some of the many other gifts of Mendoza.

All over the province there are memories of San Martín. At San Carlos are the ruins of the fort in which San Martín asked the Pehuenches permission to cross their lands and start the liberating campaign in the direction of Chile. Uspallata, on the other hand, has more recent memories of a century later, when the first trans-Andean railroad climbed the cordillera to link both countries, finally, in 1912.

Towards the south of the province, San Rafael is the second city of Mendoza, and its memories are those of the epic of immigration. French, Swiss and Italian settlers turned "that San Rafael of the poplar trees" —as it was called by Luis Ricardo Casnati— into an oasis too.

The international road to Chile is Route 7. Thirty miles from Mendoza, Potrerillos is already a high mountain town.

At Las Cuevas, the last town before reaching the border, the railroad tunnel and the highway tunnel start, at an altitude of 10,100 feet. Las Cuevas is a tourist village whose architecture emulates the Scandinavian style. At the Paso de la Cumbre, a mountain pass through which one of San Martín's columns crossed the cordillera, in 1817, right at the border, there rises a monument to Christ Redemptor, a monument to peace erected almost a century ago: "These mountains will collapse", reads the inscription, "before Chileans and Argentines break the peace sworn at the foot of Christ Redemptor."

Mendoza boasts magnificent centers for winter sports: Vallecitos, Las Leñas, Los Penitentes. Las Leñas is a sophisticated, modern complex, very sunny and dry, good both for beginners and experts, with excellent quantity and quality of snow, offering 37.5 miles of slopes, including a lighted one for night skiing and another with a descent of 4.4 miles. Los Penitentes offers 21 slopes for all levels. Very close is Lake Los Horcones, with waters springing from a depth of 16,400 feet.

Mendoza also has hot springs. At Villavicencio, on the high mountain, mineral and thermal waters surface at a temperature of 78.8 to 96.8 °F; in the area of Puente del Inca —a natural bridge over the Las Cuevas River, 154 feet long and 75 feet high— the waters have a temperature of 93.2 to 100.4 °F; at Los Molles the water temperature varies between 96.8 and 118.4 °F; at Cacheuta the highly therapeutic waters are between 113 and 118.4 °C. At Tunuyán, on the other hand, the great tourist attraction is horseback riding on the mountain, and Malargüe is called "the capital of adventure tourism". Few adventures are comparable to mountain climbing, and Mendoza has two impressive landmarks: Mt. Tupungato, 22,310 feet high, and Mt. Aconcagua, 22,831 feet high, the highest peak in the Americas and the second in the world after Mt. Everest. Three thousand mountaineers dare to climb it annually. Aconcagua Provincial Park is an ecological and archaeological reserve that covers 185,325 acres, with an area for mountain climbing and trekking.

Mendoza has many varied facets, but its soul does not reveal itself as much in its sports as in the meticulousness of its towns and cities, its methodical agriculture, the amorous cooing of its songs and the festiveness of its wine.

SAN LUIS

San Luis is a province of stone: it is the "untamed and harsh redoubt" of the *puntanos*, according to poet Antonio Esteban Agüero. To the north, mountains, hills, ravines, rivers and streams, and to the south, greenery, corn, sunflowers, sorghum and rye, with the capital in its midst. The city of San Luis was founded in 1594 at the foot of the Sierras Grandes, at the Punta de los Venados (Venison's Point). The *puntanos* continue leading peaceful lives in houses with sun bathed patios.

San Luis combines history, beauty, landscapes and relaxation. In 1813 San Martín and Pueyrredón met at La Aguada de Pueyrredón, today a thermal center in the midst of an almost vertical slope. In 1826 Sarmiento —a child— was a teacher at the little school of San Francisco del Monte de Oro, today a national historical monument. La Carolina is an old abandoned gold mine. In the Intihuasi Cave there are rupestrian paintings dating back to 6,000 years before Christ. At Sierra de las Quijadas National Park you can see Mesozoic rock formations. The temperature, 104 ºF, makes itself felt there.

San Luis is Huarpe land. The natives inhabited it for many centuries before the arrival of the conquistadors. Today, San Luis is the land of peace and calm. At Potrero de los Funes there is good fishing and nautical sports. From there you can go through the Quebrada de los Cóndores (Condors' Gorge) or go on a cavalcade to the Quebrada del León Colgado (Hanging Lion's Gorge). In Merlo, at the foot of the Sierra de los Comechingones, the picturesque scenery of the sierras, the colonial legacy of the eighteenth century and the excellent micro climate, created by the topographical location, cooperate to create a balmy effect. In Piedra Blanca all that can be heard is the rumor of the streams whose crystalline waters come down from the sierras. San Luis is a refuge for the soul, but it also shows a vigorous present. Since 1983, the technological park has transformed one of the poorest provinces into an oasis with no unemployment. In addition, in the placid atmosphere of Merlo there is also an international tourist center that includes an American casino.

THE REGION OF PATAGONIA

Between the Cordillera of the Andes and the South Atlantic, Patagonia is an immense, arid plateau that awakens a great fascination in those who discover it. Although it was explored before Chaco, it was the last of the regions to incorporate actively to the life of the country. Patagonia has fantastic lakes of a deep blue amidst very high mountains, perpetually snowcapped; it has forests with giant trees, imposing glaciers, millions of penguins and autochthonous birds and millions of sheep raised in its fabulous estancias. Patagonia is still a natural territory.

LA PAMPA

La Pampa is the slow transition between the pampas and the Patagonian plateau. Although north of the Colorado River, it descends towards it in the south. It is a huge, flat expanse, almost devoid of trees, with hard grasses, some hills, a few lakes and perhaps a grove of calden trees. In the twenty years following 1879, the Ranqueles were succeeded by the soldiers, the latter by the settlers, and soon after that—according to Ricardo Nervi— came the teachers. La Pampa was the scene of great struggles between the Araucano tribes and the Argentine national army. Famous caciques like Calfucurá, Catriel and Namuncurá, with 2,500 warriors, faced the regular troops, losing every battle. The cities of La Pampa were founded in 1882, 1892, 1905. Little by little, the white men transformed the landscape. The struggle against the natives was followed by the struggle against the pre-Patagonian desert. The barriers of trees to cut the winds, the wheat cultivations and the pasture lands are victories of man against erosion and the dunes. The Pampero, the strong wind of the pampas, was a protagonist of part of its history; however, the influence of the dam at El Chocón, in the middle of Patagonia, has brought about changes in the climate.

The city of Santa Rosa is the capital: everything there is very new. Its main monument is the Civic Center —the only one of its kind in the country— designed by architect Clorindo Testa and his associates between 1963 and 1970. Close by, the old estancia of Pedro Luro is a tourist attraction today. Its hunting grounds, stocked with red deer, European boars and pheasants imported by Luro, have become a somewhat intangible natural reserve. From March to July, the mating season, the herds of deer offer an imposing view.

General Acha, where the pampas end and the Patagonian desert begins, has rebuilt its fort, which is now a historical museum. The salmon colored pre-Cambrian rocks of Lihuel Calel National Park, in the center of the province, the last refuge of cacique Namuncurá, are an archaeological dig, a flora and fauna preserve and a center for eco tourism, where lichens and cacti, guanacos and rheas can be found. The Salinas Grandes, where the great camps of the Ranqueles were located, have become productive centers. General Pico, Victorica, Quemú Quemú, are typical cities of La Pampa, where the landscape is formed by the fields, the railroad, sand and solitude. The descendants of the "Volga Germans" also live in La Pampa (at Winifreda); so do those of the Piedmontese (at Castex), of the Basque (at General Acha and Macachín), of the Waldenses, of the Mennonites. La Pampa is the farthest end of the fertile plains and the gateway to the immensity of Patagonia.

NEUQUÉN

"Who called you 'Green Grass'?" asks the country voice of José Larralde as he sings the *zamba* by Marcelo Berbel that talks about Carmen Funes, a canteen woman of the expeditionary forces that went to the desert, "courage turned into a woman". Those were hard times, still fresh in Neuquén's memory. The province's integration to national life is very recent: the first governor dates back to 1884; the railroad reached Neuquén in 1902, and two years later the city of Neuquén was founded, the commercial and financial center of the region, the seat of the National University.

The province of Neuquén is also a leaning triangle, with a green vertex at the capital and a leg on the Cordillera. Between both lies the plateau. Mountains, volcanoes, rivers and huge lakes form the scenery. At Plaza Huincul and Cutral Co life revolves around the extraction of oil; at Piedra del Águila, Alicurá and El Chocón there are enormous dams that produce hydroelectric energy. At the reservoir of El Chocón, which covers 315 square miles, there is good fishing of mackerel, trout and perch; and the museum of the village houses the skeletons of some of the largest dinosaurs in the world.

Copahue, near the border with Chile, is a great center of hot springs at the foot of a snowcapped volcano; eleven miles from it, Caviahue is a ski resort whose tourist village has a magnificent view of a lake. To the south, beyond Junín de los Andes —which has a Mapuche museum— is San Martín de los Andes, "the tourist capital of Neuquén". The city, next to Lake Lácar, is the gateway to Lanín National Park, 934,000 acres, overlooked by the volcano, 12,368 feet high, ideal for mountain climbing. A few minutes from there is Mt. Chapelco, whose tourist center has a huge lifting capacity for skiers and spectacular views.

Neuquén is a province with dazzling lakes: at lakes Traful, Aluminé, Moquehue, Rucachoroi and Quillén there is excellent trout and perch fishing. Near Aluminé there are indigenous settlements with ancestral customs. Close to Rucachoroi are the valley of the Pulmarí River and Lake Ñorquinco, among almost impenetrable woods of pines, oaks, beeches, giant 500-year-old araucarias and *colihue* canes.

Villa La Angostura, on the edge of Lake Nahuel Huapi, is very close to Los Arrayanes National Park, one of the magical sites of the region. Walt Disney got his inspiration from it to create one of the backgrounds for *Bambi*. Victoria Ocampo also admired these tall trees "of reddish trunk, smooth and extremely soft to touch" that form a wooded area whose interior *is bathed in a pink light* which has *a breathtaking effect*. Also nearby is the Valle Encantado (Enchanted Valley), a rocky scene carved by erosion, which has created capricious forms such as the *Dedo de Dios* (God's Finger), 98.5 feet high. In Neuquén everything is recent except the beauty of its high peaks, its rivers and its imposing lakes.

RÍO NEGRO

Why did people as different from each other as Father Mascardi and Victoria Ocampo, Francisco Pascasio Moreno and Germán Sopeña fall in love with the Patagonian lakes? The scenery is breathtaking: the row of blue cordilleran lakes, like Nahuel Huapi, Gutiérrez and Mascardi, creates a fantasy landscape: immense mirrors that duplicate the mountains, the woods, the snow and the sky. Río Negro has a vertex on the lakes and another on the Atlantic, between which there is a triangular plateau, arid, cold and windy, that leans on the imaginary line of parallel 42º South. The vision of the statesmen of the Generation of the 1880s, the hydraulic know-how of engineer Cesare Cipolletti and the hands of thousands of workers and field hands turned the High Valley of the Negro River into a fruit and flower garden, a productive irrigated land of national importance. The quality of the apples and pears of the valley is the true monument to the triumph of imagination, wisdom and effort. Choele Choel and General Roca were founded in 1879, at the end of the Conquest of the Desert. The city of Cipolletti dates from 1903. These are agricultural centers surrounded by small estates using modern technology. The epic of the creation of the High Valley is best reflected in Villa Regina, a settlement of Italian immigrants dating from 1924, whose production is recognized as a seal of quality.

The capital of Río Negro is Viedma, 19 miles from the Atlantic. Founded in 1779, it was a defensive enclave in the times of King Carlos III, when the Patagonian coast was first fortified. Close by, the Fauna Reserve of Punta Bermeja —with its own interpretation center— allows travelers to see a colony of sea lions among the cliffs and natural sea water pools. On the San Matías Gulf, San Antonio Oeste is a port for big ships and for fishing vessels that capture sharks, oysters, mussels, scallops, and small octopi. The Old Patagonian Express, at present better known as "La Trochita", one of the five railroads in the world with a narrow gauge (2.5 feet wide), still sets out from San Antonio Oeste. The tracks join the coast to the Andes and reach Esquel (in the province of Chubut) after an incredible 250 miles, 14 hours of running and 620 curves. The steam engines that pull the tiny cars, made in 1922, offer a fascinating adventure that makes it possible to relive the golden era of the railroad in the midst of a natural landscape.

The first explorers crossed Patagonia just a few decades before the railroad did. In 1875, with the contribution of the Argentine Scientific Society, naturalist Francisco P. Moreno explored these lands still traversed by nomadic tribes of Tehuelches who had adopted the customs of the Araucans. The following year he reached Lake Nahuel Huapi, on one of whose islands, Centinela, his tomb was erected in 1944, 25 years after his death. Moreno loved these lands ardently and learned so much about them that he was called upon to act as an expert in a question of limits with Chile, a task he accomplished with exemplary knowledge, justice and patriotism. In grateful acknowledgement he was given a gift of land that he in turn donated to create the first National Park of Argentina, Nahuel Huapi. Later other governments annexed territories to it, until it reached its present area of almost two million acres.

The city of Bariloche was born across from the lake in 1903. Located in an astonishing setting, its picturesque architecture evokes the villages of the Alps. With the years, Bariloche grew in importance until it became one of the great tourist centers of the country and the birthplace of renowned institutions such as the Camerata Bariloche and the Balseiro Institute. Along the Small Circuit you can reach the Llao Llao Peninsula and its famous hotel, designed by Alejandro Bustillo. Moreno found resemblances between the scenery at Nahuel Huapi and the Swiss landscape, and the Swiss settlers did not take long to arrive. Bariloche has a Civic Center made of stone and slate, wooden houses built by pioneer Primo Capraro, inimitable chocolates, and restaurants where you can choose very special dishes: trout, boar, smoked deer. From Bariloche you can climb Mt. Otto or Mt. Catedral —a ski resort of international prestige— or go on an excursion across the lake and reach Victoria Island after an hour and a half of navigation. Lake Nahuel Huapi covers an area of 212 square miles, and is located at an altitude of 1,930 feet above sea level. Around it, the woods on the slopes are beautiful year round, but they achieve their loveliest colors in the fall. *Coigues*, *colihues*, red *lengas*, arrayans and golden poplars create a scenery that surpasses human imagination. Victoria Ocampo claimed that it compared to nothing seen in the world.

To the south of Bariloche, El Bolsón is an area of fruit, vegetable and hop cultivations, but, above all, it is an ecological and naturist tourist center. It also constitutes a big temptation for those with a sweet tooth on account of its wonderful regional strawberry, raspberry, elderberry, gooseberry and dog rose jams and preserves.

CHUBUT

Chubut is a strip of land that crosses Patagonia between 42º and 46º South latitude. It has an area of 375 × 281 miles and presents three parallel areas: the cordilleran area, the Atlantic area, and, between them, the huge steppe. Its history is atypical: in 1865 there arrived in Chubut Welsh colonists who settled at Rawson and expanded along the valleys, founding and populating cities like Trelew, Gaiman, Dolavon, Trevelin, Madryn. For two decades the only Argentine flags that unfurled in Chubut were raised by the Welsh colonists. Even today the Eisteddfod, the floral games, are celebrated with minstrels, bards and musicians, just as in Wales. Praying takes place in Welsh churches and the typical black cakes are served at Welsh tea houses. In Trelew, besides enjoying delicious pastries, you can visit the magnificent Egidio Feruglio Paleontological Museum, which exhibits, in very modern and didactic ways, a collection of fossils of fauna and flora over 300 million years old. About 80 miles from there, Argentine engineering has built the Florentino Ameghino Dam, one of the largest in South America.

Likewise, on the west side of the province, the great Futaleufú Dam provides electricity and irrigation water.

In 1907, looking for drinking water, workers found oil in Comodoro Rivadavia and the history of Patagonia changed after that moment. Industry, however, is not incompatible with sports and recreation: Rada Tilly, the summer resort near Comodoro, in the midst of spectacular scenery, offers nautical sports, motor cross, mountain biking and *carrovelismo* (windcar). South of the province, near Colonia Escalante —where the Boer colonists settled— is Sarmiento, an agricultural area from where Lake Musters or the José Ormachea Petrified Forest can be reached.

Near the Cordillera are El Maitén —a winter sports area, Lago Puelo National Park—which presents very rare arboreal species, the Canyon of the Epuyén River —with very high, steep walls, and Cholila Lake, an unforgettable scene. Esquel is the most important city of the cordilleran area, one of the terminals of the Patagonian Express. The notorious Butch Cassidy, the American bandit, visited the area, trying to escape his dreadful past. Esquel is the gateway to Los Alerces National Park, which protects the woods of larches, giant trees up to 196 feet tall and 11.5 feet in diameter, trees that are over 3,000 years old in some cases. Within the park, Lake Futalaufquen offers silver-blue waters, slopes covered with thick forests and a surprisingly colorful flora.

The other grand spectacle offered by Chubut is in the east, on the Atlantic coast, where, besides the industrial fishing of shrimp, prawns, octopi, salmon, sardines, hakes and dogfish, the entire shoreline is a feast for nature lovers. At Punta Tombo, the penguin colony reaches a million animals. Posture, incubation, molting and the process of learning to swim are some aspects of one of the most striking shows of wild fauna in the world. At Cape Dos Bahías tourists can see southern fur seals, Magellanic penguins, seagulls, cormorants, and even guanacos.

At Puerto Madryn, where the Welsh arrived in 1865, all types of underwater activities —diving, photography, archaeology— and also aquatic activities — sailing, motor boating, canoeing, water skiing and windsurfing— can be enjoyed in its serene, clear waters that the sunlight penetrates up to 230 feet deep.

Thirty-seven miles from Madryn is the entrance to the Valdés Peninsula, which reaches 262 feet into the ocean and constitutes a natural paradise with numerous groups of southern elephant seals and South American sea lions, orcas, seagulls, cormorants, herons, wild ducks, albatross and pelicans. The southern right whales arrive in Golfo Nuevo in May and remain there until mid-December. Those are the best months to visit the southern paradise in the province of Chubut.

Santa Cruz

Most of the province of Santa Cruz is a huge, deserted plateau with arid climate. The province is the home of 0,5 % of the population of the country; its density (0,7 inhabitants/0.38 sq. miles) is the lowest in the country, and only 8% of its inhabitants live in rural areas. Santa Cruz —according to Luis Brandam— can boast the shortest day, the longest night, the largest lake, the most inaccessible peaks, the highest tides and the richest oil deposits of the country. There are, besides, in Santa Cruz, incredibly vast estancias with millions of sheep. The province has other privileges to boast about. On March 31, 1520, Fernando de Magallanes embarked at the Bay of San Julián and remained there with his crew for 5 months, on Santa Cruz territory. The first Christian mass on Argentine territory was offered there; the first building with European architecture was built there; the first observatory was set up there. The toponym "Patagonia" was born there.

Río Gallegos, the capital, has a very British wood-and-metal architecture, and preserves as a relic the building from whose balcony President Roca —the first to officially visit Patagonia— spoke to the people on his way back from Punta Arenas, where he had met with the Chilean president to sign a peace treaty. The Atlantic littoral is a string of penguin and sea lion colonies: Puerto Deseado, with its 26-mile Ría (Estuary), is another ecological oasis for the fauna.

In Santa Cruz there are also several places of great archaeological and paleontological interest. In the Petrified Forests there are remains of trees fossilized 75 million years ago. At the Cueva de las Manos (The Cave of Hands) on the Pinturas River —World Heritage, there are rupestrian paintings which were made between 7,300 and 1,000 years before Christ.

The cordilleran area, very cold, has huge lakes such as Lake Buenos Aires (865 square miles), shared with Chile; fauna and flora reserves such as Perito Moreno National Park; and mountains as tall as Mt. Fitz Roy (11,171 feet), one of the greatest challenges for mountaineers.

However, there is no doubt that the most striking asset of Santa Cruz is Los Glaciares National Park, near Calafate. Its 1,482,600 acres have been declared World Heritage. The area presents snow, huge forests of *coigues*, cypresses and *lengas*, guemuls, guanacos and hawks, wonderful blue lakes with fiords, channels and bays —like Lake Argentino, discovered in 1877 by Francisco P. Moreno— and 47 great glaciers. The areas of permanent snow of the cordillera create a 94 X 31-mile ice field that descends in major glaciers such as the Perito Moreno Glacier —at an altitude of 5,250 feet— whose mass of ice has a height of 197 feet. Any time of the year, the deep southern silence is violently broken by the collapse of the ice blocks that, turning into icebergs, later go down the rivers. Argentina celebrated the advent of the new millennium at the Glacier.

TIERRA DEL FUEGO, ISLANDS OF THE SOUTH ATLANTIC AND OF THE ANTARCTIC SECTOR, AND ANTARCTICA

One of Jules Verne's novels, *Le Phare du Bout du Monde (Lighthouse at the End of the World)* is set in the southern tip of Argentina. The lighthouse of the novel does not exist, but the Museum at the End of the World does, in Ushuaia. Tierra del Fuego exerts a great fascination on the traveler because of its striking climate —since the topography takes care of the winds, the beauty of Lake Escondido, the wonder of the Fuegian channels, the perfection of its ovine cattle at estancias like that of María Behety, and also because of the presence of innumerable nature researchers in areas like Puerto Remolino, where all languages are spoken and members of the Argentine Scientific Society meet with their peers of the National Geographic Society and of similar institutions from France, Spain and other countries.

Tierra del Fuego is the tip where Argentina reaches out along the Islands of the South Atlantic and of the Antarctic Sector and stretches into the Argentine Antarctic Sector itself, an area of scientific research where the ships of the Navy carry supplies and bring back news of their discoveries, an area where everything is more future than past, even though, in the short history of human settlement in the area, Argentina has already established a powerful, true tradition.

Five regions

In Argentina there are five large regions, which are not marked by topography, climate or history. They are present regions: a form of grouping provinces, cities, rivers, fields and mountains, a form just as logical or arbitrary as any other form of grouping. In the relation of what is most characteristic of these regions, nothing is excessive, though there may be many notable features missing. Argentina has those landscapes and many more. It also has the people who inhabit it and build it, and the memory of those who have struggled, worked, loved and dreamed in it. There is an evident Argentina and an intimate Argentina that can be discovered in its music, its poetry and the conversations around the family table. Argentina is a vast territory where the horizon and the sky spread out, and so does the spirit.

Fotografías / Photographs

Ron Lovelace:
Páginas / Pages: 13, 18, 19, 20, 21, 30, 38, 39, 42, 44, 45, 47, 49, 51, 54, 55, 59, 61, 62, 70, 74, 78
Arriba / Above: 7, 10, 11, 16, 25, 26, 48, 50, 60, 63
Arriba izquierda / Above left: 28, 57
Abajo / Below: 5, 27, 28, 31, 46, 56, 72
Abajo izquierda / Below left: 10, 26
Abajo derecha / Below right: 24

Stefano Nicolini:
Páginas / Pages: 15, 34, 35, 64, 66, 68, 69, 71, 73, 75, 79, 80
Arriba / Above: 36, 37, 72
Abajo / Below: 6

Enrique Limbrunner:
Páginas / Pages: 4, 17, 22/23, 29, 65
Arriba / Above: 31, 58
Arriba derecha / Above right: 28
Abajo / Below: 12, 16
Abajo izquierda / Below left: 24
Abajo derecha / Below right: 26

Martín Gómez Álzaga:
Páginas / Pages: 3, 14, 52

Arriba / Above: 6
Arriba derecha / Above right: 57
Abajo / Below: 11, 48, 50, 53, 56 (detalle / detail), 57, 58

Carlos Mordo:
Páginas / Pages: 32/33, 40/41, 43
Arriba / Above: 53
Abajo / Below: 36
Abajo derecha / Below right: 37

Jorge Luis Campos:
Páginas / Pages: 8/9, 76/77
Arriba / Above: 5
Abajo / Below: 7, 60
Abajo derecha / Below right: 10

Gonzalo Monterroso:
Arriba / Above: 24, 27

Nativa:
Abajo / Below: 25
Abajo izquierda / Below left: 37

Daniel Massola: Pág. / P.: 12 arriba / above. Verónica Molina: Pág. / P.: 56 arriba / above. Carolina Hardoy: Pág. / P.: 63 abajo / below.

Fotocromía Red Poetry S.R.L. - Buenos Aires / Argentina.

Este libro se terminó de imprimir en
I. Gráficas Marmol, S.L. Barcelona, España, en octubre de 2001.
Se imprimieron 6.500 ejemplares.

Printed in I. Gráficas Marmol, S.L. Barcelona,
Spain, in October, 2001.